すみっコぐらしの
韓国語会話

監修 **サンエックス**

文 **HANA**

INTRODUCTION

はじめに

『すみっコぐらしの韓国語会話』を手にとっていただき、ありがとうございます！

ドラマや映画をもっと楽しみたいとき、韓国旅行で役立つことばを知りたいとき、好きなアーティストを応援したいとき…。

韓国語にちょっぴり興味があって、そしてすみっコぐらしが大好きなあなたへ。

この本では、すみっコたちの毎日を、シンプルで使いやすい韓国語のフレーズで紹介しています。

かしこまった表現ではなく、日常会話やふとした瞬間に使える、思わず口にしたくなるような楽しいフレーズを集めました。

さあ、すみっコたちといっしょに、のんびり韓国語を楽しみましょう。

この本の表記について

- この本では、韓国語の単語をハングルで表記し、発音を[ ]内に、日本語の意味を( )内に入れて表しています。
- 韓国語の文字であるハングルは子音と母音の組み合わせで、하 ha＝「h＋a」や키 ki＝「k＋i」のように、「子音＋母音」の組み合わせのものや、산 san＝「s＋a＋n」のように、「子音＋母音＋子音」の組み合わせがあります。3文字の組み合わせで、一番最後に来る子音のことを「終声」と言います。この本では、日本語の音にない終声の発音をカタカナで表示する際、小さいカタカナで表します。小さいカタカナで記される終声は以下の通りです。

例	ㄱ k ➡ ク	ㄹ l ➡ ル	ㅁ m ➡ ム	ㅂ p ➡ プ
	역 駅 ヨク	오늘 今日 オヌル	아침 朝 アチム	밥 ご飯 パプ

- 韓国語には「発音変化」という、文字が持つ音の通りに発音しない現象があります。発音変化が起こった場合は、その変化した音をカタカナで表示します。
- 日本語と韓国語は語順がほぼ同じです。日本語訳と韓国語を比べると、「この日本語は韓国語でこう言う」とわかるものがほとんどですが、意訳している場合はその限りではありません。
- この本は、友達同士で使うタメ口の表現と、ていねいな表現を織り交ぜて紹介しています。韓国語の表現に合わせて日本語訳もタメ口の表現とていねいな表現に変えています。使う相手に合わせてしっかり確認して使いましょう。

CONTENTS

もくじ

CHAPTER

 あいさつ

인사말 11

▶ case 1
コンビニでおかいもの 32

▶ COLUMN
日本と違う?! 韓国のコンビニ事情 34

CHAPTER

 きもち

기분 91

▶ case 4
カフェに行こう 120

▶ COLUMN
韓国のカフェに
行ってみよう 122

CHAPTER 2

ふれあう

만나다 35

▶ case 2
推し活に使える韓国語 60

▶ COLUMN
接続詞を使って推しと
たくさん話そう！ 62

CHAPTER 3

あそぶ

놀다 63

▶ case 3
スイーツを食べよう 88

▶ COLUMN
日本でも人気の
韓国伝統スイーツ 90

CHAPTER 5

くらす

생활 123

▶ case 5
ホテルにお泊まり 152

はじめに 2

この本の表記について 3

すみっコ紹介 6

本書の使い方 8

音声ダウンロードの方法 9

さくいん 154

CHARACTERS
すみっコ紹介

しろくま

北からにげてきた、さむがりで
ひとみしりのくま。
あったかいお茶をすみっこで
のんでいるときがいちばんお
ちつく。

とんかつ

とんかつのはじっこ。
おにく1％、しぼう99％。
あぶらっぽいからのこされちゃった…

ぺんぎん？

自分はぺんぎん？
自信がない。
昔はあたまにお皿があったような…

ねこ

はずかしがりやで気が
弱く、よくすみっこを
ゆずってしまう。
体型を気にしている。

にせつむり

じつはカラをかぶったなめくじ。
うそついてすみません…

とかげ

じつは、きょうりゅうの生きのこり。
つかまっちゃうのでとかげのふり。
みんなにはひみつ。

たぴおか

ミルクティーだけ先にのまれて吸いに
くいからのこされてしまった。
ひねくれもの。

HOW TO USE
本書の使い方

POINT
すみっコたちの様子を、シンプルな韓国語フレーズで表現しています。音声を聞きながら、韓国語を読んでみましょう。

POINT
音声のトラック番号です。

POINT
会話のやりとりの例を掲載しています。

POINT
かんたん解説と韓国語の豆知識で、楽しくフレーズを覚えられます。

DOWNLOAD
音声ダウンロードの方法

以下のURL、もしくは二次元コードから音声をダウンロードして、ネイティブの発音を聞いてみましょう。YouTubeでも音声を聞くことができます。

🔊 無料音声（MP3形式）

https://liberalsya.com/sumikko-voice_dl/

🔊 無料音声（YouTube）

https://youtu.be/OHxVQIDenXI

※パソコンやスマホなどからアクセスできます。
※圧縮されたZIP形式としてダウンロードされますので、ソフトやアプリなどで解凍してからご利用ください。

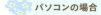 **パソコンの場合**

① https://liberalsya.com/sumikko-voice_dl/
にアクセスし、ダウンロードしたい章をクリック。
②ダウンロードフォルダ内にファイルが保存されます。

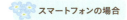 **スマートフォンの場合**

■ 方法1
①お使いのインターネットブラウザを起動し、
https://liberalsya.com/sumikko-voice_dl/　にアクセス。
②ダウンロードしたい章をタッチ。
③ダウンロードが完了すると、スマホの最新情報の欄に完了のお知らせが表示されます。
※注意：設定によりファイルが格納されるフォルダが違います。

■ 方法2
①二次元コードをスマホのカメラで読み込む。
②ダウンロードサイトに移動しますので、ダウンロードしたい章をタッチ。あとは方法1と同様です。

CHAPTER 1

あいさつ

인사말

今日もなかよしなすみっコぐらしのなかまたち。
毎日使いたいあいさつの言葉を集めました。

1 인사말・あいさつ ◀)) 001

いらっしゃい〜
ファニョンヘ
환영해~

直訳すると「歓迎するよ」という意味。自分がいる場所に訪れたお客さんを歓迎するときに使います。

> ノルロ ワッソ
> **놀러 왔어.**
> 遊びに来たよ。

> ファニョンヘ
> **환영해~.**
> いらっしゃい〜。

memo
お店などでお客さんをお出迎えする場合の「いらっしゃい」は 어서 오세요 [オソ オセヨ] と言います。

1 인사말・あいさつ

はじめまして

<ruby>처음<rt>チョウム</rt></ruby> <ruby>뵙겠습니다<rt>プェプケッスムニダ</rt></ruby>

初対面のときに交わすあいさつの言葉です。直訳すると「はじめてお会いします」になります。

> 처음 뵙겠습니다.
> チョウム プェプケッスムニダ
> はじめまして。

> 만나서 반가워요.
> マンナソ パンガウォヨ
> お会いできてうれしいです。

memo 만나서 반가워요[マンナソ パンガウォヨ]は、よりていねいに만나서 반갑습니다[マンナソ パンガプスムニダ]とも言えます。同年代であれば만나서 반가워[マンナソ パンガウォ]（会えてうれしい）と言うこともできます。

1 인사말・あいさつ

たくさんめしあがれ

많이 먹어
<small>マニ　モゴ</small>

ていねいな表現としては 많이 드세요[マニ ドゥセヨ]（たくさん召し上がってください）と言います。맛있게 드세요[マシッケ ドゥセヨ]（おいしく召し上がってください）という表現もよく使います。

> <small>マニ　モゴ</small>
> **많이 먹어.**
> たくさんめしあがれ。

> <small>チャル モグルケ</small>
> **잘 먹을게!**
> いただきます！

---

memo
「いただきます」は目上の人には 잘 먹겠습니다[チャル モッケッスムニダ]と言います。食事のあとには 잘 먹었습니다[チャル モゴッスムニダ]（ごちそうさまでした）も忘れないように。

1 인사말・あいさつ

◀)) 004

ありがとう

コマウォ
고마워

「ありがとうございます」と、ていねいに言うときは、고맙습니다 [コマプスムニダ] や 감사합니다 [カムサハムニダ] と言います。

> コマウォ
> **고마워.**
> ありがとう。

> ムォガ　コマウォ
> **뭐가 고마워.**
> とんでもない。

memo 뭐가 고마워 [ムォガ コマウォ] は、直訳すると「何がありがとう?」ですが、質問ではなく「この程度のことでありがたく思う必要ないよ」という意味を込めた、とても韓国的な表現です。

15

1 인사말・あいさつ

朝だよ、起きて！
아침이야, 일어나!
[アチミヤ] [イロナ]

おきて〜

아침이야[アチミヤ]（朝だよ）は、「朝になった」という意味で 해 떴어[ヘ トッソ]（日が昇った）と言い換えることができます。正午ごろを意味する 해가 중천에 떴어[ヘガ チュンチョネ トッソ]（日が中天に昇った）という表現もあります。

> 아침이야, 일어나!
> [アチミヤ] [イロナ]
> 朝だよ、起きて！

> 10분만… 아니, 5분만….
> [シップンマン] [アニ] [オブンマン]
> 10分だけ…、いや5分だけ…。

memo 「アラーム」は 알람[アルラム]、「朝寝坊」は 늦잠[ヌッチャム]、「寝ぼけた様子」は 비몽사몽[ピモンサモン]と言います。

1 인사말・あいさつ

ぐっすり寝てね

푹 자
[プク チャ]

「おやすみ」は 잘 자[チャル ジャ]、目上の人には 안녕히 주무세요[アンニョンヒ チュムセヨ]と言います。

> 오늘은 너무 피곤해.
> [オヌルン ノム ピゴネ]
> 今日はすごく疲れちゃった。

> 푹 자.
> [プク チャ]
> ぐっすり寝てね。

memo

푹[プク]は深い眠りについたり、疲れた体をしっかり休ませることを意味します。푹 쉬어요[プク シュィオヨ]（ぐっすり休みます）もよく使う表現です。

1 인사말・あいさつ

ひさしぶりだね

オレンマニヤ
오랜만이야

ていねいな表現で「お久しぶりです」と言うときは、오랜만이에요[オレンマニエヨ]や오랜만입니다[オレンマニムニダ]を使います。

> オレンマニヤ
> **오랜만이야.**
> ひさしぶりだね。

> ト マンナル チュ ララッチ
> **또 만날 줄 알았지.**
> また会えると思ってたよ。

memo

「また会えると思わなかった」は 또 만날 줄 몰랐어[ト マンナル チュル モルラッソ]と言います。

よろしくおねがいします

잘 부탁드립니다
(チャル プタクトゥリムニダ)

ていねいでやわらかい表現に、잘 부탁드려요[チャル プタクトゥリョヨ]や잘 부탁해요[チャル プタケヨ]もあります。

> **잘 부탁드립니다.** (チャル プタクトゥリムニダ)
> よろしくおねがいします。

> **같이 열심히 해 봐요.** (カチ ヨルシミ ヘ ボァヨ)
> いっしょにがんばってみましょう。

---

memo 「いっしょに」は같이[カチ]、「がんばる」は열심히 하다[ヨルシミ ハダ]。 앞으로 같이 잘 해 봐요[アプロ カチ チャレ ボァヨ]（これからいっしょにがんばってみましょう）と言ってもいいでしょう。

1 인사말・あいさつ

おかえりなさい!

잘 다녀왔어?
<small>チャル タニョワッソ</small>

おかえり!

잘[チャル]を取って다녀왔어?[タニョワッソ](行ってきた?)だけでも大丈夫。目上の人には(잘)다녀오셨어요?[(チャル) タニョオショッソヨ]と言います。

> **다녀왔습니다.**
> <small>タニョワッスムニダ</small>
> ただいま。

> **잘 다녀왔어?**
> <small>チャル タニョワッソ</small>
> おかえりなさい!

memo 　家から出かけるときの「いってきます」は、다녀오겠습니다[タニョオゲッスムニダ]や갔다 올게요[カッタ オルケヨ]と言うことができます。

1 인사말・あいさつ

元気だった？

잘 지냈어?
チャル チネッソ

直訳すると「よく過ごした？」。会えなかった間の安否を尋ねるときの表現で、어떻게 지냈어?[オットケ チネッソ]（どう過ごした？）とも言えます。

> **잘 지냈어?**
> *チャル チネッソ*
> 元気だった？

> **보고 싶었어!**
> *ポゴ シポッソ*
> 会いたかった！

---

memo 보고 싶었어[ポゴ シポッソ]は直訳すると「見たかった」。本や映画などが見たかった場合はもちろんのこと、人に会いたかったときにも보고 싶었어と言います。

1 인사말・あいさつ

◀)) 011

いってらっしゃい！
잘 다녀와!
（チャル　タニョワ）

잘[チャル]を取って다녀와![タニョワ]（いってらっしゃい！）だけでも使えます。「いってきます」
と返すときは다녀오겠습니다[タニョオゲッスムニダ]と伝えましょう。

> **잘 다녀와!**（チャル タニョワ）
> いってらっしゃい！

> **배웅해 줘서 고마워.**（ペウンヘ ジュオソ コマウォ）
> お見送りしてくれてありがとう。

memo

「見送り」は배웅[ペウン]、「迎え」は마중[マジュン]と言います。
例 공항에 마중 나가요.[コンハンエ マジュン ナガヨ]（空港に迎えに行きます。）

22

1 인사말・あいさつ

012

またね〜

또 봐〜
(ト ボァ)

直訳すると「また見よう」。日本でよく使う「バイバイ」はほとんど使いません。

> 또 봐〜.
> (ト ボァ)
> またね〜。

> 내일 또 만나!
> (ネイル ト マンナ)
> 明日また会おう!

memo

別れるときのあいさつを紹介します! 안녕[アンニョン](じゃあね)、연락할게[ヨルラカルケ](連絡するね)、조심해서 들어가[チョシメソ トゥロガ](気をつけて帰ってね)などがあります。

1 인사말・あいさつ

あのね…

있잖아...
イッチャナ

直訳すると「あるじゃん」。「言いたいことをためらう」は韓国語で뜸을 들이다[トゥムル トゥリダ]と言います。

> 있잖아....
> *イッチャナ*
> あのね…。

> 비밀 얘기야...?
> *ビミル リェギヤ*
> 秘密のお話…？

memo
비밀 얘기[ピミル リェギ]는 우리끼리 하는 얘기[ウリキリ ハヌン ニェギ]とも言います。直訳すると「私たちだけの話」で、日本語の「ここだけの話」と似た意味になります。

1 인사말・あいさつ

差し入れです

간식 드세요
<small>カンシク トゥセヨ</small>

간식[カンシク]は「おやつ」という意味で、食べ物の差し入れも韓国では간식と言います。

> 간식 드세요.
> <small>カンシク トゥセヨ</small>
> 差し入れです。

> 안 그래도 출출했는데.
> <small>アン グレド チュルチュレンヌンデ</small>
> ちょうど小腹がへってたんだよね。

---

memo

안 그래도[アン グレド]を直訳すると「そうでなくても」。「おなかすいた」は배고파[ペゴパ]と言います。

1 인사말・あいさつ

◀)) 015

おめでとう!
축하해!
チュカヘ

ていねいに「おめでとうございます」と伝えたいときは、축하합니다[チュカハムニダ]、축하해요[チュカヘヨ]と言ってみましょう。

> **1등에 당첨됐어요!**
> *イルトゥンエ タンチョムドェッソヨ*
> 一等賞が当たりました!

> **축하해!**
> *チュカヘ*
> おめでとう!

memo 복권[ポックォン](宝くじ)、추첨[チュジョム](抽選)などに「当たりました」は당첨됐어요[タンチョムドェッソヨ]と言います。

1 인사말・あいさつ

だいじょうぶ？
괜찮아?
_{クェンチャナ}

ていねいな表現の괜찮아요?[クェンチャナヨ]（大丈夫ですか？）、あまり知らない人や目上の人に使う괜찮으세요?[クェンチャヌセヨ]（大丈夫でいらっしゃいますか？）もあります。

> _{クェンチャナ}
> **괜찮아?**
> だいじょうぶ？

> _{ウン　バレ　ムォガ　コルリョッスル　プニヤ}
> **응, 발에 뭐가 걸렸을 뿐이야.**
> うん、ちょっとつまづいただけだよ。

---

memo

「つまづいた」は발에 뭐가 걸렸어[バレ ムォガ コルリョッソ]と言いますが、直訳すると「足が何かに引っかかった」です。

1 인사말・あいさつ

あけましておめでとうございます

새해 복 많이 받으세요
(セヘ　ポン　マニ　パドゥセヨ)

韓国の新年のあいさつといえばこのフレーズ！　直訳すると「新年、福をたくさんもらってください」です。

> 새해 복 많이 받으세요.
> (セヘ　ポン　マニ　パドゥセヨ)
> あけましておめでとうございます。

> 건강하고 행복한 한 해 되시기를.
> (コンガンハゴ　ヘンボカン　ハ　ネ　ドェシギルル)
> 健康で幸せな1年になりますように。

memo 즐거운 일 년 되시기를[チュルゴウン イル リョン ドェシギルル]（楽しい1年になりますように）など、自分の願いを込めたあいさつをしてもいいでしょう。

1 인사말・あいさつ

失礼します

シルレハムニダ
실례합니다

똑똑[トクトク](とんとん)とノックして 실례합니다[シルレハムニダ](失礼します)と伝えましょう。
かしこまった言い方に、실례하겠습니다[シルレハゲッスムニダ]もあります。

> シルレハムニダ
> **실례합니다.**
> 失礼します。

> ムスン ニリシジョ
> **무슨 일이시죠?**
> どんなご用事で?

memo 「用事」は韓国語で 용건[ヨンコン]ですが、용건이 뭐예요?[ヨンコニ ムォエヨ](用事は何ですか?)と言うと攻撃的な印象を与えてしまうので注意しましょう。

1 인사말・あいさつ

がんばって!
パイティン
파이팅!

「がんばって!」は英語のfightingを使い、파이팅[パイティン]と言います。言葉にするときは화이팅[ファイティン]と発音することが多いです。

> パイティン
> **파이팅!**
> がんばって!

> コマウォ、ヒムネルケ
> **고마워. 힘낼게!**
> ありがとう。がんばるね!

memo
「がんばる!」と返事するときは힘낼게![ヒムネルケ]や열심히 할게と言いましょう。

1 인사말・あいさつ

最近どうですか？

ヨジュム　　オットケ　　チネセヨ
요즘 어떻게 지내세요?

直訳すると「最近どうお過ごしですか？」。友達同士では요즘 어떻게 지내?［ヨジュム オットケ チネ］（最近どう過ごしてる？）と言います。

> ヨジュム　　オットケ　　チネセヨ
> 요즘 어떻게 지내세요?
> 最近どうですか？

> ヌル　トッカッチョ　ムォ
> 늘 똑같죠 뭐.
> まあ、いつもと同じです。

---

memo 生活に大きな変化がないことを表す表現に아무 일 없어요［アム イル オプソヨ］（何事もありません）や별일 없어요［ピョルリル オプソヨ］（大したことありません）などもあります。

case
#01

コンビニでおかいもの

>> 袋ください。

ポントゥ ジュセヨ
봉투 주세요.

담아 드릴까요? [タマ ドゥリルカヨ]「(袋に)詰めますか?」と聞かれることも。네, 주세요[ネ ジュセヨ](はい、ください)/아니요, 됐어요[アニヨ ドェッソヨ](いいえ、いりません)と答えましょう。

>> カードを差し込んでください。

カード コジャ ジュセヨ
카드 꽂아 주세요.

少額でもクレジットカードでの支払いが基本の韓国。決済が終わり결제 되셨습니다[キョルチェ トェショッスムニダ](決済できました)と言われたら、カードを抜いて大丈夫です。

>> 1万ウォン、チャージしてください。

マ ヌォン チュンジョネ ジュセヨ
만 원 충전해 주세요.

교통카드 [キョトンカドゥ](交通系ICカード)の購入、チャージがコンビニでできます。2万ウォンは이만 원[イマ ヌォン]、3万ウォンは삼만 원[サンマ ヌォン]...と覚えましょう。購入の場合は교통카드 주세요[キョトンカドゥ ジュセヨ](交通ICカードください)と言いましょう。

memo
- 영수증　　[ヨンスジュン]　　レシート、領収書
- 원플원　　[ウォンプルォン]　1+1（一つ買うとおまけでもう一つもらえるサービス）
- 젓가락　　[チョッカラク]　　お箸

COLUMN

日本と違う?! 韓国のコンビニ事情

> 韓国にもたくさんのコンビニがあります。
> 24時間営業で、なんでもそろう便利さは日本と同じですが、
> 日本ではお馴染みのサービスが韓国にもあるのでしょうか?

韓国語で「コンビニ」は편의점［ピョニジョム］、漢字で〈便宜店〉と書きます。韓国では、セブンイレブンをはじめ、韓国ならではのCUやGS25というコンビニがメジャーです。取り扱っている商品は日本とほぼ同じですが、サービス面で異なるところがあるので注意が必要です。

まず、トイレの貸し出しはありません。出先でトイレに行きたくなったら駅や商業施設のトイレを利用しましょう。また、コピー機が置いてありません。コピーを取りたいときはコンビニではなく、プリントカフェと呼ばれる場所に行きます。

また、日本では店員が行ってくれるサービスが、韓国ではセルフサービスであることが多いです。たとえばお弁当の温め。お箸やスプーンなどのカトラリーも言わないともらえなかったり、セルフで取ったりします。

そして、2022年からコンビニでのレジ袋が販売禁止になったため、エコバッグ持参が前提ですが、有料で地域指定のごみ袋を購入してレジ袋の代わりにすることもできます。

CHAPTER

2

ふれあう

만나다

すみっコたちのやりとりをのぞいてみましょう。
なんだか心があたたまります。

2 만나다・ふれあう 021

半分こして食べない？

_{パン ナヌォ モグルカ}
반 나눠 먹을까?

スラングで「半分こ」は반띵[パンティン]と言います。반띵할까?[パンティンハルカ]（半分こしようか？）、반띵하자[パンティンハジャ]（半分こしよう）のように使います。

_{クゴ マシッソ}
그거 맛있어?
それおいしい？

_{パン ナヌォ モグルカ}
반 나눠 먹을까?
半分こして食べない？

---

memo 「おいしくない、まずい」は맛없어[マドプソ]ですが、입에 안 맞아[イベ アン マジャ]（口に合わない）や내 취향이 아니야[ネ チュィヒャンイ アニヤ]（私の好みではない）と言うと、遠回しに伝えることができます。

ひまになっちゃった

ハンガヘジョッソ
한가해졌어

「ひまです」は한가해요[ハンガヘヨ]、「忙しいです」は바빠요[パッパヨ]と言います。

> ハンガヘジョッソ
> 한가해졌어.
>
> ひまになっちゃった。

> プロプタ
> 부럽다…
>
> うらやましい…。

---

memo 感情を表わす表現に、외로워요[ウェロウォヨ]（寂しいです）、슬퍼요[スルポヨ]（悲しいです）、심심해요[シムシメヨ]（たいくつです）、기뻐요[キッポヨ]（うれしいです）、행복해요[ヘンボケヨ]（幸せです）、화가 나요[ファガ ナヨ]（腹がたちます）などがあります。

どっちに行くか話し合おう

オディロ　カルチ　ハビルル　ポジャ
어디로 갈지 합의를 보자

直訳すると「どこに行くか合意をしよう」。意見が分かれたとき、合意を見よう[ハビルル ポジャ]（合意をしよう）の他にも통일하자[トンイラジャ]（〈意見を〉統一しよう）と言います。

> コ　ゴルンチョグロ　カゴ　シポ
> **꼭 오른쪽으로 가고 싶어!**
> どうしても右に行きたい！

> オディロ　カルチ　ハビルル　ポジャ
> **어디로 갈지 합의를 보자.**
> どっちに行くか話し合おう。

memo

「右」は오른쪽[オルンチョク]、「左」は왼쪽[ウェンチョク]と覚えておきましょう。

2 만나다・ふれあう

せーの！
하나 둘 셋!
ハナ　トゥル　セッ

合図するときの「せーの」は、韓国語で하나 둘 셋[ハナ トゥル セッ]と言います。「一つ、二つ、三つ」と個数を数えるときにも하나、 둘、 셋と数えます。

"하나 둘 셋" 하면 점프하는 거야.
ハナ　トゥル　セ　タミョン　チョムプハヌン　ゴヤ

「せーの」って言ったらジャンプするんだよ。

하나 둘 셋!
ハナ　トゥルセッ

せーの！

---

memo

カウントダウンのように「3、2、1…」と逆に数えるときは셋 둘 하나…[セットゥルハナ]ではなく、삼 이 일…[サム イ イル]と言います。

おやつの時間にしようか？

잠깐 간식 먹고 할까?
<small>チャムカン　カンシン　モッコ　ハルカ</small>

韓国では、日本の「3時のおやつ」のような慣習はありませんが、おなかがすいたときにおやつが食べたくなるのは万国共通ですね。

잠깐 간식 먹고 할까?
<small>チャムカン カンシン モッコ　ハルカ</small>

おやつの時間にしようか？

와~ 내가 좋아하는 거다.
<small>ワ　　ネガ　　チョアハヌン　　ゴダ</small>

わ～私が好きなやつだ。

---

memo

スイーツのことをSNS上では달다구리[タルダグリ]とも言います。「甘い」という意味の方言달달하다[タルダラダ]から派生した単語です。

結んであげるね

<small>ネガ　ムッコ　ジュルケ</small>
내가 묶어 줄게

내가[ネガ]は「僕・私が」という意味です。韓国ドラマでは、男性主人公が女性主人公の靴紐を結んであげるロマンチックな場面がよく登場しますよね。

<small>ネガ　ムッコ　ジュルケ</small>
내가 묶어 줄게.
結んであげるね。

<small>サンニャンヘラ</small>
상냥해라.
優しいね。

---

memo

상냥해요[サンニャンヘヨ]は「心優しく親切です」という意味です。

すごく似てるね

ワンジョン タルマッタ
완전 닮았다

直訳すると「完全に似てるね」。「まったく同じだ」という意味の똑같다[トッカッタ]も「見た目がとても似ている」という意味で使います。例 너랑 너희 언니랑 생긴 게 똑같다.[ノラン ノヒ オンニラン センギン ゲ トッカッタ]（あなた、あなたのお姉さんと見た目がとても似てるね。）

> ワンジョン タルマッタ
> **완전 닮았다.**
> すごく似てるね。

> クロンガ
> **그런가?**
> そうかなあ？

---

memo
日本語の「瓜二つ」に該当する韓国語の表現で、붕어빵[プンオッパン]（たい焼き）があります。型に生地を入れて焼き上げるたい焼きの姿が、皆そっくりであることに由来した言葉です。

たすけて!
살려 주세요!
（サルリョ ジュセヨ）

おとしあな

「たすけて！」は살려 주세요[サルリョ ジュセヨ]もしくは도와주세요[トワジュセヨ]と表現します。前者は命の危機から助けてほしいとき、後者は一般的な手助けをしてほしいときに使います。

살려 주세요!
（サルリョ ジュセヨ）
たすけて！

119 부를게요!
（イルリルグ ブルルケヨ）
救急車呼びますね！

memo　韓国でも事故や火災時には119に連絡します。日本と異なり、警察への連絡は112です。119は일일구[イルリルグ]、112は일일이[イルリリ]と発音するので注意しましょう。

一口食べてみない?

한 입 먹어 볼래?
<small>ハン ニム モゴ ボルレ</small>

「一口」と伝えたいとき、食べ物は 한 입[ハン ニプ]、飲み物は 한 모금[ハン モグム]と区別して言います。例 케이크 한 입[ケイク ハン ニプ]（ケーキ一口）、커피 한 모금[コピ ハン モグム]（コーヒー一口）

> ### 한 입 먹어 볼래?
> <small>ハン ニム モゴ ボルレ</small>
> 一口食べてみない？

> ### 그래도 돼?
> <small>クレド ドェ</small>
> 食べてもいいの？

memo

그렇게 해도 돼?[クロケ ヘド ドェ]（そうしてもいいの？）が短縮されて 그래도 돼?[クレド ドェ]になります。

手伝ってあげる!
トワジュルケ
도와줄게!

目上の人や知り合いでない人には、ていねいでやわらかい도와줄게요[トワジュルケヨ]や、もう少していねいな도와드릴게요[トワドゥリルケヨ]を使います。

トワジュルケ
도와줄게!
手伝ってあげる!

マウムマン バドゥルケ
마음만 받을게.
気持ちだけいただくね。

memo

「気持ちだけでありがたいです」は마음만으로 고맙죠[マウムマヌロ コマプチョ]と表現します。

くっついて寝るとあったかいね〜

딱 붙어서 자니까 따뜻하다~
(タク プトソ チャニッカ タットゥタダ)

딱[タク]は隙間なくくっついている様子を意味し、옷이 딱 맞네[オシ タン マンネ]（服がピッタリだね）のような表現も可能です。

> 딱 붙어서 자니까 따뜻하다~.
> (タク プトソ チャニッカ タットゥタダ)
> くっついて寝るとあったかいね〜。

> 이불 잘 덮어.
> (イブル チャル トポ)
> お布団ちゃんとかけてね。

memo

담요[タムニョ]（毛布）、베개[ペゲ]（まくら）もいっしょに覚えておきましょう。

2 만나다・ふれあう

お味見いかが?
맛볼래?
マッポルレ

맛[マッ]は「味」を意味する単語です。「味見します」は맛을 봐요[マスル ポァヨ]と言い、「味見」のことは맛보기[マッポギ]と言います。

> 맛볼래?
> マッポルレ
> お味見いかが?

> 맛있어!
> マシッソ
> おいしい!

---

memo 「食レポ」のことを韓国語で맛 표현[マッ ピョヒョン]（味の表現）と言います。例 그 사람은 맛 표현을 너무 잘해.[ク サラムン マッ ピョヒョヌル ノム チャレ]（あの人は食レポがすごく上手だよ。）

こんなところで会うなんて！

이런 데서 만나다니!
(イロン デソ マンナダニ)

思いがけない出会いへの驚きとうれしさがよく感じられる表現です。데[デ]の代わりに곳[ゴッ]を使って이런 곳에서 만나다니![イロン ゴセソ マンナダニ]とも言えます。

어, 이게 누구야?
(オ イゲ ヌグヤ)
わ、だれかと思ったら。

이런 데서 만나다니!
(イロン デソ マンナダニ)
こんなところで会うなんて！

memo
〜다니[ダニ]は、驚きを表現する語尾です。例과일이 이렇게 비싸다니![クァイリ イロケ ピッサダニ]（果物がこんなに高いだなんて！）

プレゼントがあります

선물이 있어요
（ソンムリ　イッソヨ）

プレゼントこうかん

サプライズプレゼントは 깜짝 선물[カムチャク ソンムル]と言います。 깜짝[カムチャク]（びっくり）と 선물[ソンムル]（プレゼント）からなる表現です。

> 선물이 있어요.
> （ソンムリ　イッソヨ）
> プレゼントがあります。

> 아유, 빈손으로 와도 되는데...
> （アユ　ビンソヌロ　ワド　トェヌンデ）
> まあ、手ぶらで来てもいいのに…。

---

memo プレゼントをもらったときの代表的な謙遜表現、 뭘 이런 걸 다[ムォル イロン ゴル タ]（何をこんなものまで＝お気遣いありがとうございます）もいっしょに覚えておくといいでしょう。

こっちだよ〜

여기야, 여기~
_{ヨギヤ　　　ヨギ}

相手に方向を教えるときに使う表現です。여기야[ヨギヤ］と（ここだよ）と1回だけ言うこともできますが、強調の意味で2回くり返す場合も多いです。

여기야, 여기~.
_{ヨギヤ　ヨギ}

こっちだよ〜。

안 닿아... .
_{アン　ダア}

とどかない…。

memo　手が届かないときには까치발［カチバル］（爪先立ち）したらとどくかも？　까치발は、直訳すると「カササギの足」です。

とっても似合ってる!

엄청 잘 어울려!
オムチョン チャ ロウルリョ

普段の会話で「とっても」と言うときは、엄청[オムチョン]、완전[ワンジョン]、진짜[チンチャ]などと表現します。

이런 스타일은 처음인데 어때?
イロン スタイルン チョウミンデ オッテ

こんなスタイルははじめてだけどどう？

엄청 잘 어울려!
オムチョン チャ ロウルリョ

とっても似合ってる！

---

 memo ファッション以外に、好きなタイプについて話すときも스타일[スタイル]を使います。
例 저 사람 딱 내 스타일이야.[チョ サラム タン ネ スタイリヤ]（あの人ぴったり私のタイプ。）

ねえ、聞いてる?

내 말 듣고 있어?
<small>ネ マル トゥッコ イッソ</small>

やきもち

相手が自分の話に集中していないときに使ってみましょう。 무슨 생각 해?[ムスン センガ ケ]（何考えてるの？）と、ストレートに聞くこともあります。

> <small>ネ マル トゥッコ イッソ</small>
> **내 말 듣고 있어?**
> ねえ、聞いてる？

> <small>ミアン チャムカン モンテリョッソ</small>
> **미안, 잠깐 멍때렸어….**
> ごめん。ちょっとぼーっとしてた…。

---

memo
「刺激に対する反応がなく、ぼーっとしている状態」を멍때리다[モンテリダ]と言います。 例그냥 멍때리는 거야.[クニャン モンテリヌン ゴヤ]（ただぼーっとしてるだけだよ。）

つづきはまだ言わないでね

뒤의 내용은 말하지 마
(トゥィエ ネヨンウン マラジ マ)

直訳すると「後ろの内容は言わないでね」。想定外の結末や犯人を推理する内容であれば使える文章ですね。

> **뒤의 내용은 말하지 마.**
> (トゥィエ ネヨンウン マラジ マ)
> つづきはまだ言わないでね。

> **스포 금지!**
> (スポ クムジ)
> ネタバレ禁止！

memo
스포[スポ]（ネタバレ）は映画、小説、ドラマなどの重要な事柄や結末を先に教えてしまう行為を意味する英単語のspoilerに由来する表現です。

何のお話？

무슨 얘기 하고 있어?

무슨 얘기 중이야?[ムスン ニェギ ジュンイヤ]（何のお話し中？）とも言えます。

> **무슨 얘기 하고 있어?**
> 何のお話？

> **호랑이도 제 말 하면 온다더니.**
> 噂をすれば影だね。

memo
호랑이도 자기 얘기를 하는 곳에 나타난다[ホランイド チャギ イェギルル ハヌン ゴセ ナタナンダ]（虎も自分の話をする場所に現れる／噂をすれば影がさす）という意味で、話題にあがっている本人が現れたときに使うことわざです。

こっち向いて!

여기 봐!
<small>ヨギ ボァ</small>

こちらを見るように、相手の注意を引くときに使う表現です。「あっち見て」は저기 봐[チョギ ボァ]と言います。

> **여기 봐!**
> <small>ヨギ ボァ</small>
>
> こっち向いて!

> **역광 아냐?**
> <small>ヨックァン アニャ</small>
>
> 逆光になってないかな?

---

 memo

直訳すると「逆光じゃない?」です。写真を撮るときに大切なのは각도[カクト](角度)と빛[ピッ](光)ですよね。

何色が好きですか?

무슨 색 좋아해요?
<small>ムスン　セク　チョアヘヨ</small>

少し表現を変えて좋아하는 색이 뭐예요?[チョアハヌン セギ ムォエヨ]（好きな色は何ですか?）とも言えます。색[セク]（色）は색깔[セッカル]とも言いますし、英語の컬러[コルロ]（カラー）もよく使います。

무슨 색 좋아해요?
<small>ムスン　セク　チョアヘヨ</small>

何色が好きですか?

당연히 녹색이죠!
<small>タンヨニ　ノクセギジョ</small>

もちろん緑色!

---

memo
빨간색[パルガンセク]（赤）、노란색[ノランセク]（黄色）、파란색[パランセク]（青）、보라색[ポラセク]（紫）、흰색[フィンセク]/하얀색[ハヤンセク]（白）、검정색[コムジョンセク]/검은색[コムンセク]（黒）など他の色も、知っておくと良いでしょう。

2 만나다・ふれあう

かわいくしてね

예쁘게 해 줘
イェップゲ　ヘ　ジュォ

해 줘[ヘ ジュォ](してね)は、ていねいな表現だと해 주세요[ヘ ジュセヨ](してください)となります。例 설명해 주세요[ソルミョンヘ ジュセヨ](説明してください),계산해 주세요[ケサネ ジュセヨ](お会計してください)

> **예쁘게 해 줘.**
> イェップゲ　ヘ　ジュォ
> かわいくしてね。

> **나만 믿어!**
> ナマン　ミド
> 私を信じて！

memo
나만 믿어[ナマン ミド]を直訳すると「私だけを信じて」。私を信じても後悔しないだろうという、自信を強調したニュアンスです。

次はなにを作ろうか？
이 다음엔 뭘 만들지?
<small>イ ダウメン ムォル マンドゥルジ</small>

털실[트루실]（毛糸）で編むことを뜨개질[トゥゲジル]（編み物）と言います。

> # 이 다음엔 뭘 만들지?
> <small>イ ダウメン ムォル マンドゥルジ</small>
> 次はなにを作ろうか？

> # 나를 위한 목도리는 어때?
> <small>ナルル ウィハン モクトリヌン オッテ</small>
> わたしのためのマフラーはどう？

---

memo
マフラー以外に編み物で作れるものには털모자[トルモジャ]（ニット帽）、장갑[チャンガプ]（手袋）、스웨터[スウェト]（セーター）、조끼[チョッキ]（ベスト）などがあります。

2 만나다・ふれあう

◀)) 044

そんなに、じーっと見ないで
그렇게 빤히 보지 마
<ruby>クロケ パニ ポジ マ</ruby>

보지 마[ポジ マ]는「見ないで」を意味しますが、 쳐다보다[チョダボダ] (見つめる)を使って쳐다보지 마[チョダボジ マ] (見つめないで)とも言えます。

그렇게 빤히 보지 마.
クロケ パニ ポジ マ

そんなに、じーっと見ないで。

신경 쓰여서.
シンギョン スヨソ

気になっちゃって。

---

memo 視線と関連した表現に、 힐끔힐끔 봐요[ヒルクムヒルクム ポァヨ] (チラチラ見ます)、두리번거려요[トゥリボンゴリョヨ] (キョロキョロします)などもあります。

59

case #02

推し活に使える韓国語

>> **すごくすごく愛しています。**

너무너무 사랑해요.
[ノムノム サランヘヨ]

너무[ノム]は「すごく、とても」という意味で、くり返すことで強調しています。진짜[チンチャ]（本当に）や완전[ワンジョン]（完全に）に置きかえてもいいでしょう。

>> **会いたかったです。**

보고 싶었어요.
[ポゴ シポッソヨ]

前に〇〇 씨[ッシ]（〜さん）と名前をつけて言ってもいいでしょう。〇〇には下の名前、もしくはフルネームを入れます。

>> **いつも応援しています。**

늘 응원하고 있어요.
[ヌル ウンウォナゴ イッソヨ]

「がんばってください」と言いたいときは、힘내세요[ヒムネセヨ]や파이팅[パイティン]と言いましょう。

memo
- 팬　　　　[ペン]　　　　　ファン
- 팬 미팅　　[ペン ミティン]　ファンミーティング
- 최애　　　[チュェエ]　　　推し
- 덕후　　　[トク]　　　　　オタク

Sumikkogurashi

Ebiten no shippo to mezase idol!

COLUMN

接続詞を使って推しとたくさん話そう!

短い韓国語を接続詞でつなぐと、
すこし長い文で気持ちを伝えることができます。

●그리고［クリゴ］（そして）
文章や単語を並べるときに使います。
オッパ モッシッソヨ クリゴ ノレド チャレヨ
오빠 멋있어요. 그리고 노래도 잘해요.
オッパかっこいいです。そして歌も上手です。

●그래서［クレソ］（だから、それで）
前の文の結果や結論を示します。
チュムル ノム チャル チュオヨ クレソ ペニ ドェッソヨ
춤을 너무 잘 춰요. 그래서 팬이 됐어요.
ダンスがすごく上手です。だからファンになりました。

●하지만［ハジマン］（しかし）
逆説の意味を示します。
ポゴ シポッソヨ ハジマン マリ アン ナワヨ
보고 싶었어요. 하지만 말이 안 나와요.
会いたかったです。しかし言葉が出てきません。

62

CHAPTER 3

あそぶ

놀다

ショッピングをしたり、イベントに出かけたり…。
遊んでいるときに使いたいフレーズを集めました。

3 놀다・あそぶ

何もってるの?

뭐 가지고 있어?
<small>ムォ カジゴ イッソ</small>

カードゲームなどで相手の手札が気になるときに、このようなフレーズを使いますよね。純粋に「手に何持っているの?」と言うときも同じように言えます。

> ### 뭐 가지고 있어?
> <small>ムォ カジゴ イッソ</small>
> 何もってるの?

> ### 비밀이야.
> <small>ピミリヤ</small>
> ないしょだよ。

---

memo

「秘密」も「ないしょ」も韓国語では비밀[ピミル]と言います。

キラキラしてきれい〜

パンチャクパンチャク　イェップダ
반짝반짝 예쁘다~

童謡「きらきら星」の韓国語の歌詞は 반짝반짝 작은 별 [パンチャクパンチャク チャグン ビョル]（キラキラ小さな星）で始まります。 반짝반짝 [パンチャクパンチャク] の発音もキラキラしている感じがしませんか。

パンチャクパンチャク　イェップダ
반짝반짝 예쁘다~.
キラキラしてきれい〜。

チンチャ ペンマン プルチャリ ヤギョンイネ
진짜 백만 불짜리 야경이네.
ほんとに、100万ドルの夜景だね。

---

memo　백만 불 [ペンマン プル]（100万ドル）の 불 [プル]（弗）は「ドル」を漢字で表したもので、짜리 [チャリ] は「〜に値するもの」という意味です。

一生ついていきます！

영원히 함께할게요!
（ヨンウォニ ハムケハルケヨ）

영원히 함께할게요 [ヨンウォニ ハムケハルケヨ] は「永遠に共にします」という意味。 歌の歌詞はもちろん、 結婚の誓いのときにも使われるフレーズです。

> **영원히 함께할게요!** （ヨンウォニ ハムケハルケヨ）
> 一生ついていきます！

> **약속!!** （ヤクソク）
> 約束!!

memo 韓国では約束するとき「指切り」した状態で、 親指同士をくっつけます。 この動作を도장을 찍다 [トジャンウル チクタ] （ハンコを押す）と言います。

流行りの曲を聴いています

_{ヨジュム} _{ユヘンハヌン} _{ノレルル} _{トゥッコ} _{イッソヨ}
요즘 유행하는 노래를 듣고 있어요

「流行り」は유행[ユヘン]、「トレンド」は트렌드[トゥレンドゥ]、「ミーム」は밈[ミム]と言います。

_{ヨジュム ユヘンハヌン} _{ノレルル トゥッコ イッソヨ}
요즘 유행하는 노래를 듣고 있어요.
流行りの曲を聴いています。

_{ナド トゥルリョ ジュルレ}
나도 들려 줄래?
いっしょに聴かせてくれる？

---

memo

같이 들을까?［カチ トゥルルカ］（いっしょに聴こうか？）と言ってもいいでしょう。

渋滞してるみたい

길이 많이 막히나 봐
<small>キリ　　マニ　　マキナ　　ボァ</small>

渋滞していたり、事故で道が塞がれていて速度が出せないときに使うフレーズです。遅刻の言い訳で길이 막혀서…[キリ マッキョソ]（道が渋滞していて…）と言うこともありますね。

> #### 아직 도착 못 할 것 같아?
> <small>アジク トチャン モ タル コッ カタ</small>
>
> まだ到着しなさそう？

> #### 길이 많이 막히나 봐.
> <small>キリ　マニ　マキナ　ボァ</small>
>
> 渋滞してるみたい。

---

memo

길이 많이 복잡한가 봐[キリ マニ ポクチャパンガ ボァ]（道がすごく複雑みたい＝渋滞しているみたい）もよく使います。

いらっしゃいませ!

어서 오세요!
[オソ オセヨ]

お客さんをお迎えするときのフレーズ。 어서[オソ]は「早く」という意味もありますが、 このフレーズでは喜んで案内するという歓迎の意味です。

> 어서 오세요!
> [オソ オセヨ]
> いらっしゃいませ!

> 솜사탕 세 개 주세요.
> [ソムサタン セ ゲ チュセヨ]
> わたあめ3つください。

memo 「わた」は솜[ソム]、「あめ」は사탕[サタン]。これで솜사탕[ソムサタン](わたあめ)です。

おそろいにしてみました

깔 맞춤 했어요
(カル マッチュ メッソヨ)

깔[カル]は「色(색깔[セッカル])」、맞춤[マッチュム]は「合わせる」という意味の맞추다[マッチュダ]の名詞形です。

깔 맞춤 했어요.
(カル マッチュ メッソヨ)
おそろいにしてみました。

귀엽다~.
(クィヨプタ)
かわいい～。

---

memo
色だけではなく무늬[ムニ](模様)、형태[ヒョンテ](形)、디자인[ディジャイン](デザイン)などを合わせることは시밀러룩[シミルロルク](シミラールック)、커플룩[コプルルク](カップルルック)と言います。

3 놀다·あそぶ

どう？　上手でしょ？

어때? 잘하지?
[オッテ] [チャラジ]

「上手です」は잘해요[チャレヨ]、「下手です」は잘 못해요[チャル モテヨ]と言います。

> **어때? 잘하지?**
> [オッテ] [チャラジ]
> どう？　上手でしょ？

> **재능 있네~.**
> [チェヌン] [インネ]
> 才能あるね〜。

memo

재능[チェヌン]（才能）の代わりに소질[ソジル]（素質）と言ってもいいでしょう。

つまみ食い、した…?
이거... 몰래 먹었지?
<small>イゴ　　モルレ　モゴッチ</small>

「つまみ食い」という韓国語はないので、몰래 먹었지?[モルレ モゴッチ]（隠れて食べた?）と表現します。

이거... 몰래 먹었지?
<small>イゴ　モルレ　モゴッチ</small>

つまみ食い、した…?

미, 미안....
<small>ミ　ミアン</small>

ご、ごめん…。

---

memo

友達同士であれば미안[ミアン]（ごめん）や미안해[ミアネ]（ごめんね）でもいいですが、目上の人には죄송합니다[チュェソンハムニダ]（申し訳ありません）を使いましょう。

3 놀다・あそぶ

週末の旅行が楽しみ

주말 여행 기대돼
チュマル リョヘン キデドェ

先の予定が「楽しみ」なときは기대돼[キデドェ]、今が「楽しい」ときは즐거워[チュルゴウォ]と言います。

주말 여행 기대돼.
チュマル リョヘン キデドェ
週末の旅行が楽しみ。

맛집 찾아 놨어.
マッチプ チャジャ ノアッソ
おいしいお店探しておいたよ。

---

memo
맛집[マッチプ]（おいしい店）は맛[マッ]（味）と집[チプ]（家、物を売る店）からなる単語です。例꽃집[コッチプ]（花屋）、빵집[パンチプ]（パン屋）

3 놀다・あそぶ

◀)) 055

どっちがいいかな?

어느 게 좋을까?
オヌ ゲ チョウルカ

「どっち」は、二つのうちのどちらか一つを意味するので、둘 중 어떤 게 좋을까?[トゥル ジュン オットン ゲ チョウルカ](二つのうち、どれがいいかな?)と言うこともできます。

> **어느 게 좋을까?**
> オヌ ゲ チョウルカ
> どっちがいいかな?

> **큰 거!**
> クン ゴ
> 大きいの!

---

memo
거[ゴ]は「もの、こと」を表す言葉です。口語では거[ゴ]と言うことが多いですが、元は것[ゴッ]という単語です。

3 놀다・あそぶ

これ、なおせるかな?
이거 고칠 수 있을까?
（イゴ　コチル　ス　イッスルカ）

「修理」を表す韓国語は二つあります。 壊れた家電は수리[スリ]、洋服やぬいぐるみなどのお直しは수선[スソン]と言います。

이거 고칠 수 있을까?
（イゴ　コチル　ス　イッスルカ）
これ、なおせるかな?

나한테 맡겨!
（ナハンテ　マッキョ）
まかせて!

---

memo

나한테 맡겨![ナハンテ マッキョ]の代わりに나만 믿어!（私だけを信じて!→P.57）を使うと、より自信を感じられる表現になります。

3 놀다・あそぶ

ちょっとコンビニまで

<ピョニジョム　チョム　カッタ　オルケ>
편의점 좀 갔다 올게

日本語は「コンビニまで」で「コンビニまで（行ってきます）」という意味が含まれますが、韓国語は 갔다 올게[カッタ オルケ]（行ってくる）まで言わないと不自然です。

<ピョニジョムチョム　カッタ　オルケ>
편의점 좀 갔다 올게.
ちょっとコンビニまで。

<ネ　アイスクリムド>
내 아이스크림도!
私のアイスクリームも！

memo

아이스크림도[アイスクリムド]（アイスクリームも）の 〜도[ド]が、日本語の「〜も」に当たる助詞です。

つい、買いすぎちゃうよね

자꾸 많이 사게 돼
チャック　マニ　サゲ　ドェ

思わず買ってしまうことを、충동구매 [チュンドングメ]（衝動買い）と言います。

> 쇼핑 너무 재밌어~.
> ショビン　ノム　チェミッソ
> ショッピング楽しい～。

> 자꾸 많이 사게 돼.
> チャック　マニ　サゲ　ドェ
> つい、買いすぎちゃうよね。

memo　「大人買い」は韓国語で대량 구입 [テリャン グイプ]（大量購入）と言います。

3 놀다・あそぶ ◀)) 059

おさんぽ日和だね
산책하기 좋은 날씨야
サンチェカギ　チョウン　ナルシヤ

「〜日和」は〜기 좋은 날씨[ギ チョウン ナルシ]（〜するのにちょうどいい天気）と訳します。
例 빨래하기 좋은 날씨[パルレハギ チョウン ナルシ]（洗濯日和）、소풍가기 좋은 날씨[ソプン カギ チョウン ナルシ]（遠足日和）

산책하기 좋은 날씨야.
サンチェカギ　チョウン　ナルシヤ
おさんぽ日和だね。

공원에 피크닉 갈까?
コンウォネ　ピクニク　カルカ
公園にピクニックしに行こうか？

memo
갈까?[カルカ]は「〜しに行こうか？」という意味で、쇼핑 갈까?[ショピン カルカ]（ショッピングに行こうか？）のように使えます。

78

3 놀다・あそぶ

あそこまでお願いします

チョギッカジ　　カ　ジュセヨ
저기까지 가 주세요

가 주세요[カ ジュセヨ]は「行ってください」で、韓国でタクシーに乗ったら、○○까지 가 주세요[ッカジ カ ジュセヨ]（○○までお願いします）と言ってみましょう。

チョギッカジ　　カ　ジュセヨ
저기까지 가 주세요.
あそこまでお願いします。

アンジョナゲ　　モシゲッスムニダ
안전하게 모시겠습니다.
安全運転でまいります。

memo 「あそこ」は저기[チョギ]、「ここ」は여기[ヨギ]、「そこ」は거기[コギ]です。

順番に並んでください

차례대로 서세요
[チャレデロ ソセヨ]

店の前で列になって順番待ちをすることをウェイティン[ウェイティン](waiting)と言います。 最近はアプリ[エプ](アプリ)で順番待ちもできます。

> **차례대로 서세요.**
> [チャレデロ ソセヨ]
> 順番に並んでください。

> **맨 끝이 어디에요?**
> [メン クチ オディエヨ]
> 一番後ろはどこですか?

---

memo

「列の最後尾」を맨 끝[メン ックッ]、「先頭」を맨 앞[メ ナプ]と言います。

一曲歌っちゃう?
한 곡 불러 볼까?
_{ハン ゴク ブルロ ボルカ}

「のど自慢」は韓国語で노래자랑[ノレジャラン](歌自慢)と言います。

한 곡 불러 볼까?
_{ハン ゴク ブルロ ボルカ}
一曲歌っちゃう?

신청곡 있어요!
_{シンチョンゴ ギッソヨ}
リクエストしたい曲があります!

---

memo

リクエスト曲は신청곡[シンチョンゴク](申請曲)、よく歌う曲を애창곡[エチャンゴク](愛唱曲)と言います。日本語の「十八番」からきた18번[シッパルボン]という表現も、お年寄りの間ではまだ使われます。

3 놀다·あそぶ

これも持っていく?

이것도 가지고 갈래?
イゴット　カジゴ　カルレ

「持ってきました」は 가지고 왔어요 [カジゴ ワッソヨ] と言います。
例 우산 가지고 왔어요. [ウサン カジゴ ワッソヨ] (傘持ってきました。)

이것도 가지고 갈래?
イゴット　カジゴ　カルレ

これも持っていく?

더 들 손이 없어.
ト トゥル ソニ オプソ

これで十分だよ。

---

memo

더 들 손이 없어 [トトゥル ソニ オプソ] は直訳すると「もっと持つ手がない」です。

夜更かししちゃおう

그냥 밤새우자
<small>クニャン　パムセウジャ</small>

名詞「夜更かし」は밤샘[パムセム]といい、 밤샘 공부[パムセム コンブ](一夜漬け)、 밤샘 근무[パムセム クンム](夜勤、 徹夜の仕事)のような使われ方をします。

너무 재밌어.
<small>ノム　チェミッソ</small>

すごく面白い。

그냥 밤새우자.
<small>クニャン　パムセウジャ</small>

夜更かししちゃおう。

memo　재밌어[チェミッソ] (面白い)は재미있어[チェミイッソ]を縮約した形です。 재미없어 [チェミオプソ] (面白くない)は잼없어[チェモプソ]と縮約したり、 No+잼[チェム] (面白さ)を合わせた노잼[ノジェム]という言葉を使ったりもします。

かんぱいしよう!

건배하자!
[コンベハジャ]

건배하자[コンベハジャ]の代わりに、짠 하자[チャン ハジャ]とも言えます。짠[チャン]はグラス同士が当たるときの音を表します。

건배하자!
[コンベハジャ]
かんぱいしよう!

건배~!!
[コンベ]
かんぱ～い!!

memo 「乾杯」は건배[コンベ]、짠[チャン]のほか、위하여[ウィハヨ]というフレーズがあり、위하여は「～のために」という意味が込められています。

3 놀다・あそぶ

お出かけしよう

ナガジャ
나가자

「お出かけしよう」は나가자[ナガジャ]と言うほか、외출하자[ウェチュラジャ](外出しよう)と言うこともできます。

ナガジャ
나가자.

お出かけしよう。

オルルン チュンビハルケ
얼른 준비할게.

すぐ準備するね。

---

memo 行動が早い様子を表す擬態語후딱[フッタク]を使って、후딱 준비할게[フッタク チュンビハルケ](さっと準備するね)と言ってもいいです。

急がないと間に合わないかも

_{ソドゥルロ　　　　　イロダ　　　　ヌッケッソ}
서둘러! 이러다 늦겠어

서둘러![ソドゥルロ]は「急いで！」という意味です。直訳すると「急いで！ こうしていては遅れるよ」となります。

> _{ソドゥルロ　　　イロダ　　ヌッケッソ}
> 서둘러! 이러다 늦겠어.
> 急がないと間に合わないかも。

> _{ヌクチャン　プリジ　マルゴル}
> 늑장 부리지 말걸.
> もたもたするんじゃなかった。

memo

 늑장 부리다[ヌクチャン プリダ]は、「もたもたする、ぐずぐずする」という意味です。

どこに行くの?

어디 가?
<small>オディ ガ</small>

ていねいな表現は어디 가세요?[オディ ガセヨ](どこに行かれますか?)になります。

어디 가?
<small>オディ ガ</small>

どこに行くの?

잠깐 운동이나 할까 해서.
<small>チャムカン ウンドンイナ ハルカ ヘソ</small>

ちょっと運動でもしようかと思って。

---

memo
気分転換に「ちょっと風にでもあたろうかと思って」と言うときは、잠깐 바람이나 쐴까 해서[チャムカン パラミナ スェルカ ヘソ]と表現します。

C-3

case
#03

スイーツを食べよう

>> **甘くておいしいです。**

달고 맛있어요.
[タルゴ マシッソヨ]

→「おいしそう！」と言いたい場合は、맛있겠다！[マシッケッタ] と言います。また、おいしい味のことを「はちみつの味」という意味の꿀맛 [クルマッ] と表現します。

>> **口の中でとろけちゃう。**

입에서 살살 녹아요.
[イベソ サルサル ノガヨ]

→살살 [サルサル] は「だんだん」「ゆっくり」「やわらかく」というニュアンスの言葉です。

>> **あれもこれも全部食べたい！**

이것도 저것도 다 먹고 싶어!
[イゴット チョゴット タ モッコ シポ]

→이것 [イゴッ]（これ）、그것 [クゴッ]（それ）、저것 [チョゴッ]（あれ）の3語を覚えておきましょう。

---

memo
- 케이크　　　[ケイク]　　　ケーキ
- 과자　　　　[クァジャ]　　お菓子
- 초콜릿　　　[チョコルリッ]　チョコレート
- 아이스크림　[アイスクリム]　アイスクリーム

日本でも人気の韓国伝統スイーツ

日本でも最近人気がある韓国スイーツ。
その中でも、昔から韓国で親しまれている
伝統スイーツをご紹介します。

호떡 [ホットク]
もちもちっとした生地の中に、黒砂糖とシナモン、そしてナッツなどを入れた餡を詰めて揚げ焼きにしたお菓子。餡はキムチやチーズなどを入れたアレンジもあります。屋台や市場で買える定番のおやつです。

꽈배기 [クァベギ]
揚げドーナツで、生地をねじって揚げた形が特徴です。最近では上にクリームやフルーツをトッピングした進化系クァベギが大人気。

약과 [ヤックァ]
小麦粉、はちみつ、ごま油などを混ぜた生地を型抜きし、油で揚げてから、甘いシロップに浸したお菓子。花の形に成形されているものが多いです。

강정 [カンジョン]
ナッツや穀物をシロップで固めたお菓子で、さまざまなバリエーションがあり、日本のおこし状のものから、キャラメルナッツ状のものまで、カンジョンと呼びます。

송편 [ソンピョン]
穀類の餡やはちみつの餡を入れた米粉のお餅。
半月型に成形し、松の葉といっしょに蒸すのが
特徴です。

CHAPTER

きもち
기분

ハッピーでたまらないときも、涙がこぼれそうなときも…。
声に出して伝えたくなるフレーズがいっぱいです。

今日は何もしたくない

_{オヌルン　コムチャクト　ハギ　シロ}
오늘은 꼼짝도 하기 싫어

꼼짝도 하기 싫어[コムチャクト ハギ シロ]는「びくりともしたくない」という意味。 何もしたくない心情を表すのにぴったりの表現です。

_{オヌルン　コムチャクト　ハギ　シロ}
오늘은 꼼짝도 하기 싫어.
今日は何もしたくない。

_{クロン　ナリ　イッチ}
그런 날이 있지.
そんな日もあるよね。

---

memo
共感するときに「そんなこともあるよね」と言いたいときは、그럴 수 있지[クロル ス イッチ]と言います。

4 기분・기모치

そっとしておいて…

그냥 내버려 둬...
[クニャン ネボリョ ドゥォ]

그냥[クニャン]은「今の状態そのままに」、 내버려 둬[ネボリョ ドゥォ]는「関心を持たずに放っておいて」という意味です。 그냥[クニャン]은「ただなんとなく」という意味でも使えます。

> **그냥 내버려 둬....** [クニャン ネボリョ ドゥォ]
> そっとしておいて…。

> **무슨 일 있었어?** [ムスン ニ リッソッソ]
> 何があったの？

memo

무슨 일 있었어?[ムスン ニ リッソッソ]の代わりに、무슨 일이야?[ムスン ニリヤ]（なにごと？）、왜 그래?[ウェ グレ]（どうしたの？）とも言えます。

93

よろこんでくれるといいな

좋아해 주면 좋겠다
チョアヘ　ジュミョン　チョケッタ

좋겠다[チョケッタ]は「〜するといいな」と、望みを表す表現ですが、うらやましい気持ちを込めた「いいな」にも使えます。

> **좋아해 주면 좋겠다.**
> チョアヘ　ジュミョン　チョケッタ
> よろこんでくれるといいな。

> **분명히 마음에 들어 할 거야.**
> プンミョンヒ　マウメ　トゥロ　ハル　コヤ
> 絶対に気に入ってくれるよ。

memo　「気に入りました」は마음에 들었어요[マウメ トゥロッソヨ]と言います。

4 기분・기묘ち

いっしょにいられてとってもうれしい

<ルビ>ハムケハル ス イッソソ チョンマル キッポ</ルビ>
함께할 수 있어서 정말 기뻐

「うれしい」は기뻐[キッポ]、「幸せ」は행복해[ヘンボケ]、「楽しい」は즐거워[チュルゴウォ]、どれもハッピーな気持ちを表すフレーズです。

<ルビ>ハムケハル ス イッソソ チョンマル キッポ</ルビ>
함께할 수 있어서 정말 기뻐.
いっしょにいられてとってもうれしい。

<ルビ>マンナロ ワ ジュオソ コマウォ</ルビ>
만나러 와 주서 고마워.
会いに来てくれてありがとう。

---

memo

韓国語で「お母さん」は어머니[オモニ]、「お父さん」は아버지[アボジ]、「ママ」は엄마[オムマ]、「パパ」は아빠[アッパ]と言います。韓国では가족[カジョク](家族)をとても大切にするので両親には丁寧語を使うことも多いです。

95

お手上げです

두 손 들었어요
トゥ ソン トゥロッソヨ

「お手上げです」は韓国語で두 손 들었어요[トゥ ソン トゥロッソヨ]（両手を上げました）と言います。びみょうな違いが面白いですよね。

> **찾던 건 찾을 수 있을 것 같아?**
> チャットンゴンチャジュル ス イッスル コッ カタ
> 探し物は見つかりそう？

> **두 손 들었어요.**
> トゥ ソン トゥロッソヨ
> お手上げです。

memo 韓国語では「探す」も「見つかる」も찾다[チャッタ]と言います。ややこしいですよね。

4 기분・きもち　　　　　🔊 074

もっと遊びたいのに…

<small>ト　　ノルゴ　　シプンデ</small>
더 놀고 싶은데...

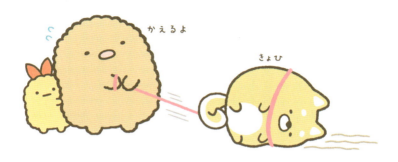

놀고 싶어[ノルゴ シポ]と言うと、「遊びたい」と明確に希望を表すフレーズになります。

<small>スルスル　チベ　カジャ</small>
슬슬 집에 가자.
そろそろ帰らない？

<small>ト　　ノルゴ　　シプンデ</small>
더 놀고 싶은데....
もっと遊びたいのに…。

memo

「そろそろ」は슬슬[スルスル]、「ぞろぞろ」は줄줄[チュルジュル]、「すらすら」は술술[スルスル]と言います。日本語と韓国語で近いイメージがありますよね。

4 기분・きもち

あ、どうしよう？

앗, 어쩌지?
(アッ オッチョジ)

困ったことが起きたときにこのように言います。もっと大変なことが起きて困ったときは 큰일 났어[クニル ラッソ](大変だ、一大事だ)と言います。

> **앗, 어쩌지?** (アッ オッチョジ)
> あ、どうしよう？

> **줍는 거 도와줄게요.** (チュムヌン ゴ トワジュルケヨ)
> 拾うのお手伝いします。

---

memo 「拾います」は 주워요[チュウォヨ]と言い、反対の「捨てます」は 버려요[ポリョヨ]と言います。

落としちゃわないか心配

トロットゥリルカ　ボァ　コクチョンドェ
떨어뜨릴까 봐 걱정돼

걱정돼[コクチョンドェ](心配になる)のほか、 불안해[プラネ](不安だよ)、 무서워[ムソウォ](怖いよ)と言ってもいいでしょう。

タルン　チングドゥル　コット　カジゴ　カジャ
다른 친구들 것도 가지고 가자.
みんなの分も持って帰ろう。

トロットゥリルカ　ボァ コクチョンドェ
떨어뜨릴까 봐 걱정돼.
落としちゃわないか心配。

memo　心配性の人のことを걱정이 많은 사람[コクチョンイ マヌン サラム](心配が多い人)と言います。

ここから出たいんだけど…

여기서 나가고 싶은데...
<small>ヨギソ　　　　ナガゴ　　シプンデ</small>

여기서[ヨギソ]는「ここから」という意味。「そこから」는 거기서[コギソ]、「あそこから」는 저기서[チョギソ]、「どこから」는 어디서[オディソ]です。

여기서 나가고 싶은데...
<small>ヨギソ　ナガゴ　シプンデ</small>

ここから出たいんだけど…。

꽉 껴 버렸네.
<small>クァク キョ ボリョンネ</small>

すっぽり、はまっちゃったね。

---

memo 옴짝달싹 못 하겠어[オムチャクタルサク モ タゲッソ]（身動きがとれない）という表現もあります。

4 기분・きもち

◀)) 078

ショック…

충격… [チュンギョク]

충격[チュンギョク]は「衝撃」という意味で、충격 받았어[チュンギョク パダッソ](衝撃を受けた)や 충격이야[チュンギョギヤ](衝撃だよ)とも言います。충격の代わりに쇼크[ショク](ショック)と言ってもいいでしょう。

> **충격….** [チュンギョク]
> ショック…。

> **아이스크림 새로 사 줄게.** [アイスクリム セロ サ ジュルケ]
> 新しいアイス買ってあげるよ。

memo
日本でもチェーン展開している「サーティーワンアイスクリーム」は、韓国では배스킨라빈스[ベスキンラビンス](Baskin Robbins)と言います。

101

おどりだしたい気分

춤이 절로 나오네
(チュミ チョルロ ナオネ)

韓国語では「おどりが自然と出てくるね」と表現します。절로[チョルロ]は「勝手に、自然に」という意味で、저절로[チョジョルロ]が縮約した形です。例 절로 웃음이 나와.[チョルロ ウスミ ナワ]（勝手に笑いが込み上げる。）

> 춤이 절로 나오네.
> (チュミ チョルロ ナオネ)
> おどりだしたい気分。

> 네가 좋아하는 곡이지.
> (ニガ チョアハヌン コギジ)
> お気に入りの曲だもんね。

memo
「お気に入り」は좋아하는[チョアハヌン]+名詞で表します。例 좋아하는 노래[チョアハヌン ノレ]（お気に入りの曲）、좋아하는 장소[チョアハヌン チャンソ]（お気に入りの場所）

4 기분・きもち　　◀))080

だいじょうぶだからね

イジェ　クェンチャナ
이제 괜찮아

이제[イジェ]は「もう」というニュアンスを含みます。 괜찮아[クェンチャナ]は「大丈夫」、 目上の人には 괜찮아요[クェンチャナヨ]と言いましょう。

> ムソウォッソ
> **무서웠어.**
> こわかったよ。

> イジェ　クェンチャナ
> **이제 괜찮아.**
> だいじょうぶだからね。

memo
「こわかったよ」は 무서웠어[ムソウォッソ]の他に、겁이 났어[コビ ナッソ]と言うこともできます。 겁[コプ]とは「怖気、恐怖心」のことです。

103

つづきが気になる!

뒷얘기가 너무 궁금해!
トゥィンニェギガ　ノム　クングメ

뒷얘기[トゥィンニェギ]は「話の続き」の他に「裏話、後日談」という意味もあります。

뒷얘기가 너무 궁금해!
トゥィンニェギガ　ノム　クングメ
つづきが気になる!

내일 또 같이 읽자.
ネイル　ト　カチ　イクチャ
また明日いっしょに読もうね。

---

memo

韓国語で「また明日」と言いたいとき、또[ト]（また）と 내일[ネイル]（明日）の順番を逆にして 내일 또[ネイル ト]（明日また）と言います。例 다음에 또[タウメ ト]（また今度）

4 기분・きもち   082

まだかな〜
아직 멀었나〜
(アジン モロンナ)

멀었나[モロンナ]는「遠いかな」という意味で、完成までにはまだまだかなという意味で使います。

> **아직 멀었나〜.**
> (アジン モロンナ)
> まだかな〜。

> **거의 다 됐어.**
> (コイ ダ ドェッソ)
> もうすぐだよ。

memo 거의 다[コイ ダ]는「あと少しで完成・完了すること」を表す表現です。例 거의 다 왔어[コイ ダ ワッソ]（ほぼ来た/あと少しで着くよ）、거의 다 먹었어[コイ ダ モゴッソ]（ほぼ食べた/あと少しで食べ終わるよ）

105

4 기분・기모치

とっても楽しみ
완전 기대돼
（ワンジョン　キデドェ）

「ワクワク」は 두근두근[トゥグンドゥグン]、「心がウキウキします」は 마음이 설레요[マウミ ソルレヨ]と言います。

> **무슨 꽃이 필까?**
> （ムスン　コチ　ピルカ）
> どんな花が咲くかな？

> **완전 기대돼.**
> （ワンジョン　キデドェ）
> とっても楽しみ。

memo

「花」は 꽃[コッ]です。韓流ドラマでよく、장미[チャンミ]（バラ）の 꽃다발[コッタバル]（花束）をプレゼントするシーンが出てきますよね。

4 기분・きもち

◀)) 084

なつかしい思い出がたくさん

_{クリウン　チュオギ　カドゥク}
그리운 추억이 가득

「思い出」は韓国語で 추억[チュオク]（追憶）と言います。
例 추억이 많아요.[チュオギ マナヨ]（思い出がいっぱいです。）

_{クリウン　チュオギ　カドゥク}
그리운 추억이 가득.
なつかしい思い出がたくさん。

_{マヌン　ニリ　イッソッチ}
많은 일이 있었지.
いろんなことがあったね。

---

memo

졸업 앨범[チョロ ペルボム]（卒業アルバム）や 옛날 사진[イェンナル サジン]（昔の写真）を見ると、昔の 동창[トンチャン]（同級生）たちを思い出しますよね。

107

4 기분・きもち ◀)) 085

あれもこれも気になる…
이것도 궁금하고 저것도 궁금해…
<small>イゴット　クングマゴ　チョゴット　クングメ</small>

ちゅうもん

「あれ」は저것[チョゴッ]、「これ」は이것[イゴッ]ですが、「あれこれ」は이것저것[イゴッチョゴッ]と言うので気をつけましょう。

> ### 이것도 궁금하고 저것도 궁금해….
> <small>イゴット　クングマゴ　チョゴット　クングメ</small>
> あれもこれも気になる…。

> ### 하나로 못 정하겠다, 그치?
> <small>ハナロ　モッ　チョンハゲッタ　クチ</small>
> ひとつに決められないよね。

---

memo

그치?[クチ]は、文章の最後につけて、「そうでしょ?」のように相手の同意を求める表現です。例맛있겠다, 그치?[マシッケッタ クチ]（おいしそうだよね?）

4 기분・きもち

なかなかむずかしいです

잘 안돼요
(チャ ランドェヨ)

このフレーズの前に마음처럼［マウム チョロム］（思った通りに）、생각처럼［センガクッ チョロム］（考えた通りに）をつけて言ってもいいでしょう。

> **잘 안돼요.** (チャ ランドェヨ)
> なかなかむずかしいです。

> **처음엔 다 그래요.** (チョウメン タ クレヨ)
> 最初はみんなそうですよ。

memo
初めからうまくいく人はあまりいませんよね。천 리 길도 한 걸음부터［チョルリ キルド ハン ゴルムブト］（千里の道も一歩から）、韓国でも同じことわざを使います。

失敗しちゃった

マンヘッソ
망했어

망쳤어[マンチョッソ]と言ってもOK。망했어[マンヘッソ]は本来「滅びた」という意味ですが、「失敗した」「だめだった」という意味でよく使います。

> マンヘッソ
> **망했어.**
> 失敗しちゃった。

> タシ　ヘ　ボジャ
> **다시 해 보자.**
> もう一回やってみよう。

memo 「ミスしちゃった」は실수했어[シルスヘッソ]と言います。

4 기분・기모치

◀)) 088

ちょっとこわいかも
나 떨고 있니?
<small>ナ　トルゴ　インニ</small>

だいじょうぶ…？

こわい…

直訳すると「私、震えてる？」。昔大ヒットした韓国ドラマ「모래시계[モレシゲ](砂時計)」に登場した有名なセリフで、怖さや緊張感を表すフレーズです。

> ### 나 떨고 있니?
> <small>ナ　トルゴ　インニ</small>
> ちょっとこわいかも。

> ### 너무 가까이만 안 가면 괜찮아.
> <small>ノム　カッカイマン　アン ガミョン　クェンチャナ</small>
> 近づきすぎなければ大丈夫だよ。

memo　가까이[カッカイ]は「近くに」という意味で、가까이 와요[カッカイ ワヨ]（近くに来ます）のように使えます。反対に「遠くに行きます」は멀리 가요[モルリ カヨ]と言います。

4 기분・기모치

●)) 089

緊張しちゃいます
<small>ノム　キンジャンドェヨ</small>
너무 긴장돼요

緊張しているとき、떨린다[トルリンダ]や떨려[トルリョ](震える)と言うこともできます。

<small>ノム　キンジャンドェヨ</small>
너무 긴장돼요.
緊張しちゃいます。

<small>クゲ　シモフ　ヘ ボァ</small>
크게 심호흡 해 봐.
大きく深呼吸をしてみて。

---

memo
「息をします」は숨을 쉬어요[スムル シュィオヨ]、「ため息をつきます」は한숨을 쉬어요[ハンスムル シュィオヨ]と言います。

ずっと変わらないね

하나도 안 변했네
(ハナド　アン　ビョネンネ)

하나도[ハナド]は「一つも」という意味。 一つも変わっていない、 つまり全然変わらないという意味です。

> **하나도 안 변했네.**
> (ハナド　アン　ビョネンネ)
> ずっと変わらないね。

> **좀 부끄럽다.**
> (チョム　ブックロプタ)
> ちょっとはずかしいよ。

---

memo

褒められて照れくさいときは쑥스럽다[スクスロプタ]と言ってもいいです。

ほっとするね

ノゴナネ
노곤하네

노곤하다[ノゴナダ]는, 体の緊張がほぐれまったりしている状態を表します。노곤노곤[ノゴンノゴン]とくり返して擬態語として使うこともあります。

オンチョニ チュェゴヤ
온천이 최고야.
温泉最高。

ノゴナネ
노곤하네.
ほっとするね。

memo 春の暖かい午後にうとうとするような状況でも노곤하네[ノゴナネ]と言います。似た表現で나른하네[ナルナネ]もあります。

あったかいお布団が大好き

따뜻한 이불 속이 제일 좋아
<small>タットゥタ　ニブル　ソギ　チェイル　チョア</small>

おふとんがだいすき

따뜻한~ [タットゥタン](あたたかい~)は温度があたたかいときだけでなく、따뜻한 마음 [タットゥタン マウム](あたたかい気持ち)、따뜻한 손길 [タットゥタン ソンキル](あたたかい手)のような表現にも使えます。

> ## 따뜻한 이불 속이 제일 좋아.
> <small>タットゥタ　ニブル　ソギ　チェイル　チョア</small>
> あったかいお布団が大好き。

> ## 이불 밖은 위험하지.
> <small>イブル　パックン　ウィホマジ</small>
> 布団の外は危険だよね。

---

memo

「外は危険だよ」のように、ふざけて이불 밖은 위험해 [イブル パックン ウィホメ]（布団の外は危険だよ）というのが韓国のバラエティー番組で流行りました。起きたくないときの言い訳にぴったりです。

115

4 기분・きもち

ぎゅーってして!
꼬옥 안아 줘!
[コオク   アナ   ジュォ]

むぎゅ〜

꼬옥[コオク]は 꼭[コク](ぎゅっと)を、日本語の「ぎゅーっと」のように伸ばして言ったもので、かわいらしい表現になります。

꼬옥 안아 줘!
[コオク   アナ   ジュォ]
ぎゅーってして!

이리 와〜.
[イリ   ワ]
こっちにおいで〜。

memo

이리[イリ]は「こちらに」、저리[チョリ]は「あちらに」、그리[クリ]は「そちらに」という意味です。 例 저리 가.[チョリ ガ] (あっち行け。)

悩み中です…

고민 중이에요...
(コミン ジュンイエヨ)

名詞のあとに 중[チュン](中)をつけると、 名詞の動作を行っている最中であることを表せます。
例 외출 중[ウェチュル ジュン](外出中)、 식사 중[シクサ ジュン](食事中)

> **점심 뭐 먹지?**
> (チョムシム ムォ モクチ)
> お昼何食べる？

> **고민 중이에요....**
> (コミン ジュンイエヨ)
> 悩み中です…。

memo

SNSでよく使われる表現で 점메추[チョムメチュ]というものがあります。 これは 점심 메뉴 추천[チョムシム メニュ チュチョン]（昼ご飯のメニューのおすすめ）で、ランチに何を食べるか悩む会社員がよく使います。

危ないところでした

^{クニル ラル ポネッソヨ}
큰일 날 뻔했어요

こんな状態を四字熟語で「危機一髪」と言いますが、韓国にも同じ四字熟語があって위기일발［ウィギイルバル］と言います。

^{クニル ラル ポネッソヨ}
큰일 날 뻔했어요.
危ないところでした。

^{チャジャソ タヘンイヤ}
찾아서 다행이야.
見つかってよかったね。

---

memo

다행이야［タヘンイヤ］は「よかったね、よかったよ」という意味です。

4 기분・きもち

あせってボタンがずれちゃった

<small>ソドゥルダガ　　タンチュルル　チャルモッ　キウォッソ</small>
서두르다가 단추를 잘못 끼웠어

韓国語では、洋服の「ボタン」のことを단추[タンチュ]と言い、押す「ボタン」のことは버튼[ボトゥン](button)と言います。

<small>ソドゥルダガ　タンチュルル チャルモッ キウォッソ</small>
서두르다가 단추를 잘못 끼웠어.
あせってボタンがずれちゃった。

<small>チンジョンヘ</small>
진정해.
落ち着いて。

---

memo

日本語で「最初のボタンをかけ間違える」と言いますが、韓国語でも全く同じ表現で、첫 단추를 잘못 끼우다[チョッ タンチュルル チャルモッ キウダ]というものがあります。

case #04

カフェに行こう

>> **カフェラテ1杯ください。**

カペラテ　ハン ジャンジュセヨ
카페라테 한 잔 주세요.

→주세요は「ください」を意味する言葉なので、前に頼みたいメニュー名を付けて言ってみましょう。「1杯、2杯、3杯…」は한 잔、두 잔、세 잔[ハンジャン、トゥジャン、セジャン…]と言います。

>> **ホットでお願いします。**

トゥゴウン　ゴルロ　ジュセヨ
뜨거운 걸로 주세요.

→反対に「アイスで」と言いたいときは차가운 걸로 주세요[チャガウン ゴルロ ジュセヨ]と言います。似た言い回しで큰 걸로/작은 걸로 주세요 [クン ゴルロ／チャグン ゴルロ ジュセヨ]と言うと「大きいのを／小さいのをください」とサイズを選ぶフレーズになります。

>> **イートインで。**

モッコ　カルケヨ
먹고 갈게요.

→直訳すると「食べていきます」で、イートインでお願いするフレーズです。「テイクアウトで」は가지고 갈게요[カジゴ カルケヨ]（持っていきます）と言います。

memo
- 카페　　[カペ]　　　カフェ
- 커피　　[コピ]　　　コーヒー
- 주문　　[チュムン]　注文

120

COLUMN

韓国のカフェに行ってみよう

日々、新しいおしゃれなカフェがオープンする韓国。
日常生活に根付いた韓国のカフェ文化は、
韓国ドラマや映画でも目にすることができます。

韓国は、米国系のチェーン店から、韓国のチェーン店、そして個人経営のカフェなど、街中のいたるところにカフェがある、カフェ大国！　日々新しいカフェがオープンしていて、その中でも有名なデザイナーが手がけるおしゃれなカフェや、伝統家屋をリノベーションしたカフェ、SNSで映える内装やメニューにこだわったカフェなど、個性的なカフェが目立ちます。そんな韓国ならではのメニューが、아메리카노［アメリカノ］（アメリカーノ）。エスプレッソを水で割ったコーヒーで、特に아이스아메리카노［アイスアメリカノ］（アイス・アメリカーノ）が大人気。頭文字を取って아아［アア］と略した言葉や、얼어 죽어도 아이스아메리카노［オロ ジュゴド アイスアメリカノ］（凍って死んでもアイス・アメリカーノ）を略した얼죽아［オルジュガ］という、寒い季節でもかまわずアイス・アメリカーノを注文する人を指す略語もあるほどです。

また、ほとんどのカフェでWi-Fiと電源が使い放題なことも特徴。カフェで仕事や勉強をする人々も多く、カフェの利用は韓国人の日常生活の一部となっています。

CHAPTER

5

くらす

생활

みんなといっしょだから、
いつもの毎日が楽しいんです。

準備ばっちり

준비는 완벽해
(チュンビヌン ワンビョケ)

四字熟語の「準備万端」は、韓国語で만반의 준비 [マンバネ ジュンビ] (万端の準備) と言います。

> 준비는 완벽해.
> (チュンビヌン ワンビョケ)
> 準備ばっちり。

> 빵이 맛있게 구워지기를!
> (パンイ マシッケ クウォジギルル)
> おいしいパンが焼けますように!

---

memo

「~しますように」は~기를 [ギルル] を使って表現します。
例 건강하기를 [コンガンハギルル] (健康でいられますように)、행복한 일 년 되기를 [ヘンボカン イル リョン トゥェギルル] (幸せな1年になりますように)。

5 생활・くらす

いっしょうけんめい作ります

열심히 만들어요
_{ヨルシミ マンドゥロヨ}

열심히[ヨルシミ]（いっしょうけんめい）は、「心を込めて、誠心誠意」という意味の정성껏[チョンソンッコッ]に置き換えて言うこともできます。

> 열심히 만들어요.
> _{ヨルシミ マンドゥロヨ}
> いっしょうけんめい作ります。

> 열심히 하는 게 중요하죠.
> _{ヨルシミ ハヌン ゲ チュンヨハジョ}
> いっしょうけんめいやるのが大事だよね。

memo

열심히を使ったフレーズを紹介します。 열심히 할게요[ヨルシミ ハルケヨ]（いっしょうけんめいやります）、열심히 일해요[ヨルシミ イレヨ]（いっしょうけんめい仕事します）。

今日ははやく寝られそう

オヌルン　イルチク　チャル　ス　イッケッタ
오늘은 일찍 잘 수 있겠다

일찍[イルチク]は「決まった時間より早く」という意味で、スピードの意味の「速く」は빨리[パルリ]と言います。

> オヌルン　イルチク　チャル　ス　イッケッタ
> **오늘은 일찍 잘 수 있겠다.**
> 今日ははやく寝られそう。

> イゲ　オルマ　マニヤ
> **이게 얼마 만이야?**
> これっていつぶり?

memo　「早寝早起き」は韓国語では일찍 자고 일찍 일어나요[イルチク チャゴ イルチク イロナヨ]（早く寝て早く起きます）と言います。

おうちがいちばん!

집이 최고야!
_{チビ チュェゴヤ}

韓国語で「いちばん」は 최고 [チュェゴ] （最高） と言うのが自然です。

잠깐 밖에 나가지 않을래?
_{チャムカン パッケ ナガジ アヌルレ}
ちょっとお出かけしない？

집이 최고야!
_{チビ チュェゴヤ}
おうちがいちばん！

---

memo
「インドア派の人」のことを女性は 집순이 [チプスニ]、男性は 집돌이 [チプトリ] と言います。

5 생활・くらす

もう寝ちゃった？
벌써 자?
(ポルソ チャ)

もうねた？

벌써[ポルソ]は「すでに」を意味する言葉です。 例벌써 이런 시간이야?[ポルソ イロン シガニヤ]（もうこんな時間？）

> 벌써 자?
> (ポルソ チャ)
> もう寝ちゃった？

> 깜빡 졸았을 뿐이야.
> (カムバク チョラッスル ブニヤ)
> うとうとしてたところ。

memo

「眠いです」は졸려요[チョルリョヨ]、「居眠り」は졸음[チョルム]と言います。

これ、ください

イゴ チュセヨ
이거 주세요

주세요[チュセヨ]（ください）の前にほしいものを入れれば「○○ください」という便利なフレーズの完成です！

> **イゴ チュセヨ**
> 이거 주세요.
> これ、ください。

> **ポントゥ ピリョハセヨ**
> 봉투 필요하세요?
> 袋、いりますか？

memo　韓国の通貨、「ウォン」は원と表します。「1万ウォン」は1만 원[イルマ ヌォン]と言わずに、ただ만 원[マ ヌォン]と言うので注意しましょう。

5 생활・くらす ◀)) 103

お金が足りない…!
돈이 모자라...!
<small>トニ　モジャラ</small>

「足りない」は 모자라[モジャラ]と言います。 K-POPの有名な曲で 24시간이 모자라[イシプサシガニ モジャラ]（24時間じゃ足りない）という曲もあります。

> <small>トニ　モジャラ</small>
> **돈이 모자라...!**
> お金が足りない…!

> <small>マプソサ</small>
> **맙소사!**
> なんてこった!

memo

맙소사[マプソサ]は、呆れるような場面を見たり、実際に直面したときに出る感嘆詞です。

ゆっくり進みます

천천히 가고 있어요
_{チョンチョニ カゴ イッソヨ}

「いそがなくて大丈夫だよ」と相手を気遣うときは、천천히 와 [チョンチョニ ワ]（ゆっくり来てね）と言いましょう。

> 천천히 가고 있어요.
> _{チョンチョニ カゴ イッソヨ}
> ゆっくり進みます。

> 길이 많이 막히나 봐.
> _{キリ マニ マキナ ボァ}
> すごく渋滞してるみたいだね。

---

memo 名詞の「渋滞」は정체（停滞）[チョンチェ]や교통체증 [キョトンチェジュン]（交通滞症）と言います。

こんなはずじゃなかった！
이럴 수가!
_{イロル スガ}

予想外の悪い事態に驚いたときや、信じられない気持ちをこのフレーズで表します。

이럴 수가!
_{イロル スガ}
こんなはずじゃなかった！

다시 한번 더 재 보자.
_{タシ ハンボン ド ジェ ボジャ}
もう一回はかりなおしてみようよ。

memo 「体重」は몸무게[モムムゲ]、「身長」は키[キ]と言います。

5 生活・くらす

ぜんぶこがしちゃった
다 태워 먹었어
(タ テウォ モゴッソ)

먹었어[モゴッソ]は本来「食べた」という意味ですが、ここでは「〜してしまった」という意味で使われています。

> 다 태워 먹었어.
> (タ テウォ モゴッソ)
> ぜんぶこがしちゃった。

> 아이고….
> (アイゴ)
> うわあ…。

memo 아이고[アイゴ]は「あら、なんとまあ」という驚きを表す感嘆詞です。同じ驚きを表す感嘆詞、이런[イロン]や저런[チョロン]と言ってもいいです。

おなかすいたなあ

배고프네
_{ペゴプネ}

「小腹すいたな」は출출하네[チュルチュラネ]と言います。

배고프네.
_{ペゴプネ}
おなかすいたなあ。

뭐 좀 먹을까?
_{ムォ チョム モグルッカ}
何か食べようか？

---

memo がっつりしたご飯ではなく、「軽く空腹を満たす食べ物」のことを간식[カンシク]や주전부리[チュジョンブリ]と言います。

5 생활・くらす

食べはじめたら止まらない
자꾸 손이 가
<small>チャック　ソニ　カ</small>

直訳すると「しきりに手が出る」、つまり「やみつきになって手が止まらない」という表現です。

<small>イ　ブンオッパン　オディソ　サッソ</small>
이 붕어빵 어디서 샀어?
このたい焼き、どこで買ったの？

<small>チャック　ソニ　カ</small>
자꾸 손이 가.
食べはじめたら止まらない。

---

memo

韓国では定番の屋台おやつ、**붕어빵**[プンオッパン]（たい焼き）。他にも**계란빵**[ケランパン]（卵入りの小判焼き）や**호떡**[ホットク]（はちみつ入りのおやき）が屋台で売られています。

135

なかなか見つかりません

찾기 어려워요
<small>チャッキ　オリョウォヨ</small>

~기 어려워요[ギ オリョウォヨ]は「~するのが難しいです」という意味です。例믿기 어려워요[ミッキ オリョウォヨ](なかなか信じられません)、외우기 어려워요[ウェウギ オリョウォヨ] (なかなか覚えられません)

> 싸고 좋은 방을 원해요.
> <small>サゴ　チョウン　バンウル　ウォネヨ</small>
> 安くていい部屋に住みたいです。

> 찾기 어려워요.
> <small>チャッキ　オリョウォヨ</small>
> なかなか見つかりません。

memo

反対に「~するのが簡単です」は~기 쉬워요[ギ シュィウォヨ]と言います。例보기 쉬워요[ポギ シュィウォヨ] (見やすいです)、가기 쉬워요[カギ シュィウォヨ] (行きやすいです)

かんたんな問題だったね
쉬운 문제였어
(シゥィウン　ムンジェヨッソ)

すごく簡単なことを表す「朝飯前」は、韓国語で식은 죽 먹기[シグン ジュン モッキ]（冷めたお粥を食べること）と言います。

> 쉬운 문제였어.
> (シゥィウン ムンジェヨッソ)
> かんたんな問題だったね。

> 와~ 천재다.
> (ワ　チョンジェダ)
> わ〜天才だ。

memo
머리가 좋아요[モリガ チョアヨ]（頭がいいです）、똑똑해요[トクトケヨ]（賢いです）という表現も覚えておきましょう。

5 생활・くらす　　🔊 111

なくしちゃったみたい

잃어버렸나 봐
[イロボリョンナ　ボァ]

리본どこ～!!

「忘れちゃったみたい」は 잊어버렸나 봐[イジョボリョンナ ボァ]と言います。잃어버렸나 봐[イロボリョンナ ボァ]と似ているので韓国人もよく間違えます。

> **잃어버렸나 봐.** [イロボリョンナ　ボァ]
> なくしちゃったみたい。

> **이 방 안에 분명히 있을 거야.** [イ　バン　アネ　ブンミョンヒ　イッスル　コヤ]
> この部屋のなかにあるはずだよ。

---

memo
분명히[ブンミョンヒ]は「はっきりと、明らかに、確かに」という意味です。 例 분명히 올 거야[ブンミョンヒ オル コヤ]（確かに来るはずだよ）、분명히 필요해요[ブンミョンヒ ピリョヘヨ]（明らかに必要です）

すみずみまできれいにします
구석구석 청소해요
<small>クソックソク チョンソヘヨ</small>

「すみっこ」は구석[クソク]と言います。 それを続けて구석구석[クソックソク]と言うと「すみずみ」という意味になります。 구석까지 구석구석 청소해요[クソッカジ クソックソク チョンソヘヨ](すみっこまですみずみ掃除します)というフレーズもあります。

봄맞이 대청소의 날!
<small>ポムマジ デチョンソエ ナル</small>

春の大掃除の日!

구석구석 청소해요.
<small>クソックソク チョンソヘヨ</small>

すみずみまできれいにします。

---

memo

韓国は年末ではなく春に大掃除をします。「春を迎えるための大掃除」を봄맞이 대청소[ポムマジ デチョンソ]と言います。

5 생활・くらす

雨が降ってきたね
비 오기 시작했어
<small>ピ オギ シジャケッソ</small>

「雨」は비[ピ]、「雪」は눈[ヌン]と言います。

> 비 오기 시작했어.
> <small>ピ オギ シジャケッソ</small>
> 雨が降ってきたね。

> 우산 없는데….
> <small>ウサン オムヌンデ</small>
> 傘ないんだけど…。

memo

「日傘」は양산[ヤンサン]と言います。

眠くなってきた

잠이 쏟아져
(チャミ ソダジョ)

直訳すると「眠気が降り注ぐ」で、まさに眠気におそわれている様子が表れている表現です。

> 잠이 쏟아져.
> (チャミ ソダジョ)
> 眠くなってきた。

> 한숨 잘까?
> (ハンスム チャルカ)
> お昼寝しようか?

memo

한숨[ハンスム]は「ちょっとした休憩、短時間の眠り」を表す言葉です。「お昼寝」を意味する낮잠[ナッチャム]を使って낮잠 잘까?[ナッチャム チャルカ]と言ってもいいでしょう。

はじめて食べる味!

처음 먹어 보는 맛이야!
_{チョウム モゴ ボヌン マシヤ}

이런 맛은 처음이야[イロン マスン チョウミヤ]（こんな味は初めて）と言ってもいいでしょう。

> ### 처음 먹어 보는 맛이야!
> _{チョウム モゴ ボヌン マシヤ}
> はじめて食べる味!

> ### 특이하지?
> _{トゥギハジ}
> 変わった味でしょ？

---

memo

특이해요[トゥギヘヨ]（変わっています）は「ユニーク」だという意味が強いです。
例 특이한 사람[トゥギハン サラム]（変わった人）、특이한 성격[トゥギハン ソンキョク]（変わった性格）

甘党なんです

단것을 좋아해요
タンゴスル　チョアヘヨ

韓国語には「甘党」という言葉はないので、단것을 좋아해요[タンゴスル チョアヘヨ]（甘いものが好きです）と表現します。

> 단것을 좋아해요.
> タンゴスル　チョアヘヨ
>
> 甘党なんです。

> 저는 매운 것을 좋아해요.
> チョヌン　メウン　ゴスル　チョアヘヨ
>
> 私は辛党です。

---

memo 　最近、단맛[タンマッ]（甘い味）と짠맛[チャンマッ]（しょっぱい味）を同時に楽しめる단짠단짠 음식[タンチャンダンチャ ヌムシク]（甘じょっぱい食べ物）にハマっている人が多いようです。

ぼーっとする時間も大事

멍하게 보내는 시간도 필요해
モンハゲ　ボネヌン　シガンド　ピリョヘ

멍하다[モンハダ]는「呆然とする、ぼーっとする」という意味です。　例멍하니 있어요[モンハニ イッソヨ]（ぼんやりしています）、머리가 멍해요[モリガ モンヘヨ]（頭がぼんやりします）のように使います。

> 멍하게 보내는 시간도 필요해.
> モンハゲ　ボネヌン　シガンド　ピリョヘ
> ぼーっとする時間も大事。

> 내 말이.
> ネ　マリ
> そのとおり。

memo　내 말이[ネ マリ]는 내 말이 바로 그거야[ネ マリ パロ クゴヤ]（私の言いたいことがまさにそれだよ）というフレーズの略です。

ちょっと休憩

<ruby>잠시<rt>チャムシ</rt></ruby> <ruby>휴식<rt>ヒュシク</rt></ruby>

「休憩」は휴게[ヒュゲ]ですが、 휴게실[ヒュゲシル] (休憩室)、 휴게소[ヒュゲソ] (休憩所)のように使われ、 日本語の意味での「休憩」と言いたいときは휴식[ヒュシク] (休息)と言います。

<ruby>잠시<rt>チャムシ</rt></ruby> <ruby>휴식<rt>ヒュシク</rt></ruby>.
ちょっと休憩。

<ruby>커피<rt>コピ</rt></ruby> <ruby>타<rt>タ</rt></ruby> <ruby>줄까<rt>ジュルカ</rt></ruby>?
コーヒー入れようか？

memo 「コーヒーを入れます」を韓国語で表すとき、インスタントコーヒーをお湯に溶かすときは커피를 타요[コピルル タヨ] (コーヒーを溶かします)、ドリップコーヒーのときは커피를 내려요(コーヒーを下ろします) [コピルル ネリョヨ]と言います。

入れすぎないでね
너무 많이 넣지 마
_{ノム マニ ノチ マ}

너무 많이 ○○지 마[ノム マニ ジマ]（○○しすぎないでね）を使ったよく使うフレーズに、너무 많이 먹지 마[ノム マニ モクチ マ]（食べすぎないでね）があります。

> 너무 많이 넣지 마.
> _{ノム マニ ノチ マ}
> 入れすぎないでね。

> 레시피대로 했어.
> _{レシピデロ ヘッソ}
> レシピ通りだよ。

memo

「○○通り」は○○대로[デロ]と言います。例 소문대로[ソムンデロ]（うわさ通り）、설명대로[ソルミョンデロ]（説明通り）

もうすっかり冬だね
이제 완전 겨울이네
<small>イジェ　ワンジョン　キョウリネ</small>

春夏秋冬は 봄[ポム](春)、여름[ヨルム](夏)、가을[カウル](秋)、겨울[キョウル](冬)です。

이제 완전 겨울이네.
<small>イジェワンジョン　キョウリネ</small>
もうすっかり冬だね。

겨울옷 꺼내야겠다.
<small>キョウロッ　コネヤゲッタ</small>
冬服出さなくちゃ。

---

memo 　「衣替え」は韓国語で、옷장 정리[オッチャン ジョンニ](クローゼット整理)と言います。

147

お手紙を書いてみました

편지를 써 봤어요
（ピョンジルル ソ ボァッソヨ）

最近は편지［ピョンジ］（手紙）をメールやSNSでのメッセージと区別するために、손편지［ソンピョンジ］（手書きの手紙）と言います。

> 편지를 써 봤어요.
> （ピョンジルル ソ ボァッソヨ）
> お手紙を書いてみました。

> 받으면 너무 기쁠 것 같아.
> （パドゥミョン ノム キップル コッ カタ）
> もらったらきっとうれしいよね。

---

memo
「ポスト」は우체통［ウチェトン］、「郵便局」は우체국［ウチェグク］、「切手」は우표［ウピョ］です。

日焼けしちゃったかも

나 탄 것 같아
<small>ナ タン ゴッ カタ</small>

直訳すると「私、焼けたみたい」です。 こんがり焼けている様子が目に浮かびますね。 선크림[ソンクリム]（日焼け止め）をしっかり塗ることが大事ですね。

나 탄 것 같아.
<small>ナ タン ゴッ カタ</small>

日焼けしちゃったかも。

지금 색깔이 딱 좋아.
<small>チグム セッカリ タク チョア</small>

今の色がぴったりだよ。

---

memo 딱 좋아[タクチョア]は「ちょうどいい」という意味。「ちょうどいい、ぴったり」と言いたいときに、いろんな場面で使える便利なフレーズです。

りんごをむくのが得意です

사과를 잘 깎아요
(サグァルル チャル カッカヨ)

잘 깎아요[チャル カッカヨ]는「上手にむけます」という意味です。 ここに不可能を表す못[モッ]を入れて잘 못 깎아요[チャル モッ カッカヨ]とすると「上手にむけません」という意味になります。

> **사과를 잘 깎아요.** (サグァルル チャル カッカヨ)
> りんごをむくのが得意です。

> **조심해.** (チョシメ)
> 気をつけてね。

memo ていねいに言うときは조심하세요[チョシマセヨ]（気をつけてください）と言います。

明日ものんびり過ごそう

내일도 느긋하게 보내자
ネイルド   ヌグタゲ   ポネジャ

느긋하게[ヌグタゲ]（のんびり）を使って느긋하게 쉬자[ヌグタゲ シュィジャ]（のんびり休もう）、느긋하게 살아요[ヌグタゲ サラヨ]（のんびり暮らしましょう）と言ってもいいでしょう。

> **즐거운 하루였어.**
> *チュルゴウン ハルヨッソ*
> 楽しい一日だったね。

> **내일도 느긋하게 보내자.**
> *ネイルド   ヌグタゲ   ポネジャ*
> 明日ものんびり過ごそう。

---

memo 「悠々自適」は、韓国語でも四字熟語で유유자적[ユユジャジョク]と言います。すみっコたちのように유유자적に暮らしたいですね。

🔊 C-5

case #05

ホテルにお泊まり

>> **チェックアウトは何時ですか?**

체크아웃은 몇 시예요?
<ruby>チェクアウスン ミョッ シエヨ</ruby>

→「チェックイン」は체크인［チェクイン］と言います。

>> **部屋を変えたいです。**

방을 바꾸고 싶어요.
<ruby>パンウル パックゴ シボヨ</ruby>

→금연실［クミョンシル］（禁煙室）や흡연실［フビョンシル］（喫煙室）に変えてもらったり、옆방이 시끄러워요［ヨッパンイ シックロウォヨ］（隣の部屋がうるさいです）と言ったり、部屋に不満があれば変えてもらいましょう。

>> **日本語が可能な人いますか?**

일본어가 가능한 사람 있어요?
<ruby>イルボノガ カヌンハン サラム イッソヨ</ruby>

→「英語」は영어［ヨンオ］、「韓国語」は한국어［ハングゴ］と言います。

---

memo

- 호텔　　　［ホテル］　　ホテル
- 예약　　　［イェヤク］　予約
- 와이파이　［ワイパイ］　Wi-Fi
- 비밀번호　［ピミルボノ］パスワード。略して비번(ピボン)と言います

152

INDEX
さくいん

あ

あけましておめでとうございます
새해 복 많이 받으세요 ········ 28

朝だよ、起きて！
아침이야, 일어나！ ········ 16

明日ものんびり過ごそう
내일도 느긋하게 보내자 ······· 151

あせってボタンがずれちゃった
서두르다가 단추를 잘못 끼웠어
········ 119

あそこまでお願いします
저기까지 가 주세요 ········ 79

あ、どうしよう？
앗, 어쩌지？ ········ 98

あったかいお布団が大好き
따뜻한 이불 속이 제일 좋아 ··· 115

あのね…
있잖아… ········ 24

危ないところでした
큰일 날 뻔했어요 ········ 118

 甘党なんです
단것을 좋아해요 ········ 143

 雨が降ってきたね
비 오기 시작했어 ········ 140

 ありがとう
고마워 ········ 15

 あれもこれも気になる…
이것도 궁금하고 저것도 궁금해…
········ 108

 急がないと間に合わないかも
서둘러！이러다 늦겠어 ········ 86

 一曲歌っちゃう？
한 곡 불러 볼까？ ········ 81

 いっしょうけんめい作ります
열심히 만들어요 ········ 125

 一生ついていきます！
영원히 함께할게요！ ········ 66

 いっしょにいられてとってもうれしい
함께할 수 있어서 정말 기뻐 ··· 95

 いってらっしゃい！
잘 다녀와！ ········ 22

 いらっしゃい〜
환영해〜 ········ 12

 いらっしゃいませ！
어서 오세요！ ········ 69

 入れすぎないでね
너무 많이 넣지 마 ········ 146

INDEX

お味見いかが？
맛볼래? 47

おうちがいちばん！
집이 최고야! 127

おかえりなさい！
잘 다녀왔어? 20

お金が足りない…！
돈이 모자라...! 130

おさんぽ日和だね
산책하기 좋은 날씨야 78

おそろいにしてみました
깔 맞춤 했어요 70

お手上げです
두 손 들었어요 96

お出かけしよう
나가자 85

お手紙を書いてみました
편지를 써 봤어요 148

落としちゃわないか心配
떨어뜨릴까 봐 걱정돼 99

おどりだしたい気分
춤이 절로 나오네 102

おなかすいたなあ
배고프네 134

おめでとう！
축하해! 26

おやつの時間にしようか？
잠깐 간식 먹고 할까? 40

か

かわいくしてね
예쁘게 해 줘 57

かんたんな問題だったね
쉬운 문제였어 137

かんぱいしよう！
건배하자! 84

がんばって！
파이팅! 30

ぎゅーってして！
꼬옥 안아 줘! 116

今日ははやく寝られそう
오늘은 일찍 잘 수 있겠다 126

今日は何もしたくない
오늘은 꼼짝도 하기 싫어 92

キラキラしてきれい〜
반짝반짝 예쁘다〜 65

緊張しちゃいます
너무 긴장돼요 112

155

ぐっすり寝てね
푹 자 17

くっついて寝るとあったかいね〜
딱 붙어서 자니까 따뜻하다〜 46

元気だった？
잘 지냈어？ 21

ここから出たいんだけど…
여기서 나가고 싶은데... 100

こっちだよ〜
여기야, 여기〜 50

こっち向いて！
여기 봐！ 55

これ、ください
이거 주세요 129

これ、なおせるかな？
이거 고칠 수 있을까？ 75

これも持っていく？
이것도 가지고 갈래？ 82

こんなところで会うなんて！
이런 데서 만나다니！ 48

こんなはずじゃなかった！
이럴 수가！ 132

さ

最近どうですか？
요즘 어떻게 지내세요？ 31

差し入れです
간식 드세요 25

失敗しちゃった
망했어 110

失礼します
실례합니다 29

渋滞してるみたい
길이 많이 막히나 봐 68

週末の旅行が楽しみ
주말 여행 기대돼 73

順番に並んでください
차례대로 서세요 80

準備ばっちり
준비는 완벽해 124

ショック…
충격... 101

すごく似てるね
완전 닮았다 42

156

INDEX

ずっと変わらないね
하나도 안 변했네 ····· 113

すみずみまできれいにします
구석구석 청소해요 ····· 139

せーの！
하나 둘 셋！ ····· 39

ぜんぶこがしちゃった
다 태워 먹었어 ····· 133

そっとしておいて…
그냥 내버려 둬... ····· 93

そんなに、じーっと見ないで
그렇게 빤히 보지 마 ····· 59

ちょっとコンビニまで
편의점 좀 갔다 올게 ····· 76

ちょっと休憩
잠시 휴식 ····· 145

つい、買いすぎちゃうよね
자꾸 많이 사게 돼 ····· 77

次はなにを作ろうか？
이 다음엔 뭘 만들지？ ····· 58

つづきが気になる！
뒷얘기가 너무 궁금해！ ····· 104

つづきはまだ言わないでね
뒤의 내용은 말하지 마 ····· 53

つまみ食い、した…？
이거... 몰래 먹었지？ ····· 72

手伝ってあげる！
도와줄게！ ····· 45

どう？ 上手でしょ？
어때？ 잘하지？ ····· 71

どこに行くの？
어디 가？ ····· 87

た

だいじょうぶ？
괜찮아？ ····· 27

だいじょうぶだからね
이제 괜찮아 ····· 103

たくさんめしあがれ
많이 먹어 ····· 14

たすけて！
살려 주세요！ ····· 43

食べはじめたら止まらない
자꾸 손이 가 ····· 135

ちょっとこわいかも
나 떨고 있니？ ····· 111

どっちがいいかな？
어느 게 좋을까? 74

どっちに行くか話し合おう
어디로 갈지 합의를 보자 38

とっても楽しみ
완전 기대돼 106

とっても似合ってる！
엄청 잘 어울려！ 51

な

なかなか見つかりません
찾기 어려워요 136

なかなかむずかしいです
잘 안돼요 109

なくしちゃったみたい
잃어버렸나 봐 138

なつかしい思い出がたくさん
그리운 추억이 가득 107

何色が好きですか？
무슨 색 좋아해요？ 56

何もってるの？
뭐 가지고 있어？ 64

悩み中です…
고민 중이에요... 117

何のお話？
무슨 얘기 하고 있어？ 54

ねえ、聞いてる？
내 말 듣고 있어？ 52

眠くなってきた
잠이 쏟아져 141

は

はじめて食べる味！
처음 먹어 보는 맛이야！ 142

はじめまして
처음 뵙겠습니다 13

流行りの曲を聴いています
요즘 유행하는 노래를 듣고 있어요 67

半分こして食べない？
반 나눠 먹을까？ 36

ひさしぶりだね
오랜만이야 18

158

INDEX

一口食べてみない？
한 입 먹어 볼래? 44

ひまになっちゃった
한가해졌어 37

日焼けしちゃったかも
나 탄 것 같아 149

プレゼントがあります
선물이 있어요 49

ぼーっとする時間も大事
멍하게 보내는 시간도 필요해 144

ほっとするね
노곤하네 114

ま

まだかな〜
아직 멀었나 〜 105

またね〜
또 봐〜 23

結んであげるね
내가 묶어 줄게 41

もうすっかり冬だね
이제 완전 겨울이네 147

もう寝ちゃった？
벌써 자? 128

もっと遊びたいのに…
더 놀고 싶은데… 97

や

ゆっくり進みます
천천히 가고 있어요 131

夜更かししちゃおう
그냥 밤새우자 83

よろこんでくれるといいな
좋아해 주면 좋겠다 94

よろしくおねがいします
잘 부탁드립니다 19

ら

りんごをむくのが得意です
사과를 잘 깎아요 150

159

監修	サンエックス

装丁・本文デザイン	鈴木章・小松礼（skam）
DTP	田端昌良（ゲラーデ舎）
執筆協力	HANA
録音協力	I09 Sound
校正	白尚憙・合田真子
編集人	安永敏史（リベラル社）
編集	中村彩（リベラル社）
営業	竹本健志（リベラル社）
広報マネジメント	伊藤光恵（リベラル社）
制作・営業コーディネーター	仲野進（リベラル社）

編集部　木田秀和・濱口桃花
営業部　川浪光治・津村卓・澤順二・津田滋春・廣田修・青木ちはる・持丸孝

すみっコぐらしの韓国語会話

2025 年 4 月 24 日　初版発行

編　集	リ ベ ラ ル 社
発行者	隅 田 直 樹
発行所	株式会社 リベラル社
	〒460-0008 名古屋市中区栄 3-7-9 新鏡栄ビル8F
	TEL 052-261-9101　FAX 052-261-9134
	http://liberalsya.com
発　売	株式会社 星雲社（共同出版社・流通責任出版社）
	〒112-0005 東京都文京区水道1-3-30
	TEL 03-3868-3275

印刷・製本所　株式会社 シナノパブリッシングプレス

©2025 San-x Co., Ltd. All Rights Reserved.
©Liberalsya 2025 Printed in Japan
ISBN 978-4-434-35557-8　C0087
落丁・乱丁本は送料弊社負担にてお取り替えいたします。